广州市哲学社会科学发展"十二五"规划课题〔课题编号：15G02〕

科技中介发展与规制法律问题研究

以广州为实证研究对象

●张 铣 著

·广州·

图书在版编目（CIP）数据

科技中介发展与规制法律问题研究：以广州为实证研究对象/张铣著. —广州：华南理工大学出版社，2019.5
ISBN 978-7-5623-5981-4

Ⅰ. ①科… Ⅱ. ①张… Ⅲ. ①科学技术－中介组织－法律－研究－广州 Ⅳ. ①D927.651.217.4

中国版本图书馆 CIP 数据核字（2019）第 082311 号

Keji Zhongjie Fazhan Yu Guizhi Falü Wenti Yanjiu：Yi Guangzhou Wei Shizheng Yanjiu Duixiang

科技中介发展与规制法律问题研究：以广州为实证研究对象
张铣 著

出 版 人：	卢家明
出版发行：	华南理工大学出版社
	（广州五山华南理工大学 17 号楼，邮编 510640）
	http://www.scutpress.com.cn　　E-mail：scutc13@scut.edu.cn
	营销部电话：020 - 87113487　87111048（传真）
策划编辑：	王 磊
责任编辑：	付爱萍　王 磊
印 刷 者：	虎彩印艺股份有限公司
开 本：	787mm×1092mm　1/16　印张：11.75　字数：192 千
版 次：	2019 年 5 月第 1 版　2019 年 5 月第 1 次印刷
定 价：	48.00 元

版权所有　盗版必究　　印装差错　负责调换

前　言

科技中介是为科技活动关联主体提供各类专业化服务的特殊市场主体。其在科技活动各关联主体间扮演着桥梁和枢纽角色，在包括科技研究、创新、科技成果转化、交易扩散在内的科技活动各个环节中发挥着不可或缺的重要作用。发达国家科技中介的发展历程和现状充分表明，科技中介群体的发展水平深度影响着国家科技活动的开展。在那些科技活动活跃、科研成果丰硕、科学技术应用率高的国家，必然存在一个功能类型丰富、业务水平高、运营秩序规范的科技中介群体。于我国而言，自改革开放起科技中介就已经在科技活动中崭露头角。经过40年的发展，我国科技中介已经成长为一个规模庞大、类型多样、从业人员众多的群体，然而与发达国家的科技中介群体相比仍然存在不小的差距，主要体现在功能不完善、运营不规范两个方面。虽然造成这两方面差距的原因很多，但法制不完善是其中不可忽略的重要因素。我国现行与科技中介有关的法律未能为科技中介全面、充分发挥其应有功能提供制度基础，也未能针对科技中介的特点妥当规制其经营行为。法制不完善问题已经对我国科技中介的健康发展造成了严重制约和不利影响。

在新常态下，科技创新已经成为我国经济发展的重要支撑点。科技中介作为包括科技创新在内的科技活动，已成为全流程提供专业化服务的重要市场主体，其发展状况不但决定着我国科技创新活动能否顺利、高效开展，而且对我国经济能否健康发展也将产生重要影响。如何促进科技中介健康、快速发展已经成为我国经济发展中必须予以充分重视且亟待解决的问题。基于此，本书对科技中介有关法律、法规等规范性文件进行了全面梳理，剖析了其中制约科技中介功能发挥的障碍，捕捉导致科技中介运营失范的漏洞，并针对这些障碍和漏洞制定行之有效的对策，从而将我国科技中介培养和建设成为一个功能完善、运营规范的群体，希望能为我国科技和经济的发展贡献重要力量。

目录

第一章 科技中介的基础理论 / 1
第一节 科技中介的概念及理论 / 1
第二节 科技中介的功能剖析 / 18
第三节 科技中介行为论 / 30

第二章 广州科技中介的发展现状与问题梳理 / 41
第一节 我国科技中介的发展概况 / 41
第二节 广州科技中介的发展状况梳理 / 43
第三节 广州科技中介发展中存在的问题 / 48

第三章 广州科技中介经营失范和功能缺失问题成因分析 / 60
第一节 问题的整体成因分析——以 SWOT 为分析工具 / 61
第二节 问题的法制成因分析——以规范性文件为对象 / 71

第四章 科技中介功能完善和规范运营的国外制度与经验考察 / 92
第一节 解决信息不对称问题的制度经验——先合同信息披露义务 / 92
第二节 理顺经营失范乱象的重要途径——行业协会自治权的实现 / 99
第三节 运营行为的正当性边界设定——专家民事责任 / 104
第四节 融资难问题的破解之道——知识产权质押、信托和证券化 / 108

第五章 新常态下科技中介功能完善和规范运营的对策建议 / 115
第一节 新常态下科技中介功能完善和规范运营的总体思路 / 116
第二节 科技中介功能完善和规范运营问题的法律解决途径 / 126
第三节 科技中介功能完善和规范运营问题的非法律解决途径 / 173

参考文献 / 178

第一章

科技中介的基础理论

"科技中介"是一个经常出现于我国媒体报道、官方文件、书籍中的语词。在新常态下，由于我国各级政府将科技创新作为经济发展的重要支点和途径，且又因科技中介在科技创新中能够发挥不可替代的重要作用，"科技中介"这个语词更频繁地出现在普罗大众的视线中。然而，究竟何为科技中介？从学界目前的研究现状看，在科技中介的概念界定上可谓众说纷纭。从我国各级政府颁布的各类规范性与非规范性文件看，也并未对科技中介的概念形成一致看法。而不论对于科技中介相关问题的理论研究本身，还是在实务层面对科技中介进行扶持和监管，厘清科技中介的概念均是必须完成的首要工作，故此，本专著以此作为研究的起点。

第一节 科技中介的概念及理论

一、科技中介的概念界定

（一）学界对科技中介概念的主流界定范式梳理

目前学界在科技中介相关问题的研究上形成了大量的论述。这些论述从不同的角度、使用不同的范式对科技中介的概念进行了五花八门的界定。尽管部分论述的界定范式在要素选取、限定词的使用等方面存在一些问题,但从总体而言,现有研究论述在科技中介概念界定方面还是形成了有价值的研究成果,现将主流的界定范式梳理如下。

1. 明确具体功能、作用的界定范式

采用具体功能、作用的界定范式的论述不在少数,例如:①科技中介服务机构是开展技术扩散、成果转化、科技评估、创新资源配置、创新决策与管理咨询等专业化服务的组织。① ②为科技创新主体提供社会化、专业化服务以支撑和促进创新活动的机构。这类机构主要开展与科技创新直接相关的信息交流、决策咨询、资源配置、技术服务以及科技鉴证等业务。② ③科技中介服务机构是科技中介服务体系的存在主体,主要是指面向社会开展技术扩散、成果转化、科技评估、创新资源配置、创新决策和管理咨询等专业化服务的机构。③

2. 将主体和行为作为中心词的界定范式

将主体和行为作为中心词的界定范式的论述包括:①在各种参与技术创新的市场主体之间,利用自身拥有的知识、人才、资金、信息等资源,为技术创新的成功实现,起到沟通、联系、组织、协调等作用的组织及其活动,以及为参与技术创新的各种市场主体、各个具体实体提供专业服务的组织及其活动。④ ②科技中介服务业主要是指在科技创新过程中以及创新成果转化过程中,利用知识、技术、信息、资金等为创新主体提供各种专业化、社会化服务的组织及其活动。⑤

3. 抽象阐述功能、作用的界定范式

采用抽象阐述功能、作用的界定范式的论述包括:①为科技创新主体提供社会化、专业化服务以支撑和促进创新活动的机构,这类机构对政府、各

---

① 李妍:《广东科技中介服务机构发展现状与对策研究》,《广东科技》2012 年第 14 期。
② 王涛、林耕:《科技中介服务体系的经济学视角》,《科技管理研究》2004 年第 3 期。
③ 杨稣、贾明德:《关于我国科技中介服务体系的创新与发展》,《西安电子科技大学学报》2004 年第 4 期。
④ 刘锋:《中国科技中介发展研究》,西南交通大学出版社,2014 年,第 9 页。
⑤ 韩霞:《论我国科技中介服务业的功能定位与发展策略》,《中国软科学》2008 年第 5 期。

类创新主体与市场之间的知识流动和技术转移发挥着关键性的促进作用。①②科技中介是指在技术的创新、扩散与交易的过程中，联结各利益主体，为科技企业的创业和发展提供各种信息、智力和知识服务的机构。② ③广义上的科技中介机构是指以法律法规为依据，以技术为商品，推动技术转移、转化和开发为目的，在政府、创新主体、创新源及社会不同利益群体之间，发挥桥梁、传递、纽带作用，面向社会开展技术扩散、成果转化、技术评估、创新资源配置、创新决策和管理咨询等专业化服务的机构。而狭义的科技中介机构是指为科技创新主体企业、高校研究机构等各类社会主体提供社会化、专业化服务，以支撑科技创新活动和促进科技成果产业化的机构。③

（二）对科技中介概念主流界定范式的剖析和审视

从学界对科技中介概念的主流界定范式的梳理，可以总结出如下特点：①由于科技中介涵盖的市场主体范围广、发挥的功能作用多样化，为了实现概念界定的精确性，应当采取包含多构成要素的复杂界定方式；②由于科技中介与创新主体等服务对象关系密切，为了进行恰当区分和切割，将科技中介服务的对象纳入到概念中具有必要性；③由于科技中介涵盖的组织、机构种类繁多，为了尽可能地把各种科技中介纳入概念中，在具体或抽象层面上列举科技中介的功能和作用，有利于直观地明确判断哪些机构或组织属于科技中介。

不过，学界的上述主流界定范式也存在一些问题，需要予以注意和纠正。在第一种界定方式中，对科技中介的作用和功能进行具体描述虽然可以非常直观地明确科技中介服务的指向对象，但存在概念涵盖的外延不足的问题，例如难以涵盖提供新型中介服务的科技中介。在第二种界定方式中，虽然极大扩展了科技中介概念的涵盖范围，但此扩展使得科技中介的外延范围过大，无法为实务层面直接使用科技中介概念对其进行扶持和监管提供依据，而且部分概念将主体和其行为混为一谈，无法作为法律问题研究的起点。第三种界定范式不但明确了科技中介具有的中介属性，而且对其功能和

---

① 吴伟萍：《国外科技中介组织的成功管理经验及对我国的启示》，《科技管理研究》2003 年第 5 期。
② 张铁男、杜军：《科技中介服务机构三方合作中的博弈分析》，《科技管理研究》2009 第 10 期。
③ 马松尧：《科技中介在国家创新系统中的功能及其体系构建》，《中国软科学》2004 年第 1 期。

作用进行了抽象描述，合理划定了科技中介的外延边界，没有出现前两种界定方式中所存在的问题，较为合理。不过，部分界定范式对科技中介的服务对象进行了严格的限定，也存在外延范围过窄的问题。例如科技中介是"各创新主体的纽带""为科技企业……"等表述均存在这个问题。

综上，根据学界上述界定的特点和存在的问题，笔者总结出科技中介概念界定中需要重点探讨的几个关键点：①科技中介的中介属性应如何明确；②科技中介在功能和作用上是否仅针对科技创新主体；③科技中介概念的中心词应当如何选取。

(三) 建立在反思主流界定范式基础上的科技中介概念

1. 科技中介的"中介"属性厘清

科技中介作为市场上诸多中介类型中的一种，在其概念界定上自然不可能脱离中介概念的范畴。从哲学角度看，中介是客观事物转化和发展的中间环节，一切差异都在中间阶段融合，一切对立都经过中间环节而互相过渡。[①] 它使万事万物之间的关联得以建立，是事物运动变化得以实现的必要条件，是量变和质变得以发展的因素。就科技中介而言，其处于包含科技创新、转化、交易扩散在内的科技活动的中间环节，通过发挥融合、过渡作用，使科学技术从最初仅是存在于人们脑海中的创意和构想，发展为最终普遍应用于人们生产和生活中的实然存在。其本质、特征和哲学对中介的界定是相吻合的，所存在的差别仅是科技中介为特殊，哲学上的中介为一般。

从经济学角度看，中介是指利用自身技能和掌控的多种资源，为了实现其他市场主体的某种市场活动目的，居于目的提出方和目的指向方之间，提供专业性服务或沟通、联系等一般性服务的组织。就科技中介而言，在其为技术出让方和受让方提供沟通、联系等服务时，确实居于目的提出方和指向方之间。然而，目前市场上相当一部分科技中介却只是服务于一方，尤其是目的提出方。例如为创新主体提供场地的创业园、为科技创新提供咨询查新服务的咨询机构、为技术研发提供融资的平台等。因此，不能囿于经济学角度对科技中介的理解，把科技中介限定为处于两类或两类市场主体之间的中

---

① 马克思、恩格斯：《马克思恩格斯选集》（第三卷），人民出版社，1995年，第535页。

介组织，而应淡化其居间属性。其次还须进一步明确的是，在科技活动中，为目的提出方和指向方提供专业性和一般性服务并非仅有作为市场主体的科技中介，还包含承担监管和扶持科技活动职能的各种政府部门。这些政府部门虽然在提供着与科技中介相同或相似的服务时具有一定的中介属性，但应剔除出科技中介的外延范围。

此外，在科技中介属性的理解上还须注意到的一个现象是，随着科技中介的不断发展，部分科技中介直接参与到了技术研发等科技创新活动中，部分科技中介则通过入股等手段与科技创新主体形成非常紧密的关系，还有部分科技中介本身具备了单独进行科技创新的能力。与传统的科技中介相比，这些科技中介的中介属性已经不是那么明显了。

2. 科技中介的功能和作用所指向的对象界定

学界不少学者在对科技中介的概念进行界定时，都将科技中介的功能和作用的指向对象限定于科技创新主体，而不包括其他。这些学者作此限定的原因我们不得而知，但这种限定已经不符合科技中介发展的现实。就当前而言，科技中介不仅仅能够为科技创新主体提供查新、咨询、融资、场地等服务，还能够为技术市场上的需求方提供上述服务，能够为政府职能部门确立科技创新战略、形成政策文件，制定制度措施等提供专业化服务。简而言之，科技中介的服务对象已经涵盖了科技创新、转化、交易扩散的全流程中涉及的各种主体。在概念的界定上，如果要将科技中介的功能和作用指向的对象悉数纳入其中，那么只有两种选择：要么选择周延的列举式阐述，要么选择抽象的概括式表述，而不应当仅仅限定于科技创新主体。

3. 科技中介概念的中心词应如何选取

概念的中心词选取是概念界定中需要重点权衡的关键问题。那么，在科技中介概念的界定中，应当选取哪一个关键词？从学界当前的大部分论述看，主要将"机构"作为中心词。不过，也有学者认为，中心词应当包括"组织及其活动"。[①] 从学术研究的角度看，将"组织及其活动"作为科技中介概念的中心词，能够扩大研究的对象范围，但从立法论的角度来说，主体和行为不能集中于同一个概念，否则无法形成恰当的规范性条款。还有学者

---

① 刘锋：《中国科技中介发展研究》，西南交通大学出版社，2014年，第9页。

认为，除了机构，个体自然人也应当成为中心词，因为在实务中存在个人从事科技成果交易居间活动的情况。笔者认为，尽管在科技交易中，确有以自然人个体的身份从事居间活动的情形，但毕竟尚属少数。随着科学技术的快速发展，自然人作为科技成果交易居间的情形将愈来愈少。对于发生频率如此少的情形，适用现有的《中华人民共和国合同法》（下文简称《合同法》）等民商事法律对其进行调整就已经足够，若将其纳入科技中介的范畴，并以此为基础制定相关监管、扶持的规范性文件，会造成大量行政、立法和司法成本的无意义支出。从另外一个角度讲，随着科技成果日趋复杂，科技成果交易也将呈现出复杂化发展趋势，自然人作为个体，在学识、能力、精力等方面是有限的，作为科技成果交易居间不利于保护交易双方的权益，并可能产生大量不必要的纠纷。在科技成果交易行政监管上，应当逐步限制并最终禁止个人充当科技成果交易的居间。综上所述，科技中介概念的中心词应为机构，不包括中介行为和个人。

4. 本书对科技中介概念的界定

综合我国学界对科技中介概念的主流界定范式和上述三个核心问题的探讨，科技中介概念界定范式中应当包括的构成要素已经较为清晰了，即必须包含科技中介的中介属性、科技中介功能和作用指向的对象、中心词。在中介属性的描述上，应当列明科技活动的主要环节以清晰阐明科技中介的活动领域，阐明科技中介的活动目的以突显其中介性。在科技中介功能和作用指向的对象上，除了应列明创新主体，还应当将科技交易主体、政府部门等列入其中，以此直观地将科技中介与服务对象进行切割。基于上述考量，本书将科技中介的概念界定为，科技中介是指在包括科学技术研究、转化、交易扩散在内的科技活动的各个环节中，为科技创新主体、科技成果交易主体、政府部门等科技活动的关联主体提供咨询、沟通、评价、协调、组织、管理、居间等专业化服务，以促进科技活动顺利、高效开展的机构。[①]

[①] 为了将科技中介与进行科技活动的其他主体明确区别开来，下文用"关联主体"指称科技中介以外的与科技活动相关联的其他主体，包括科技创新主体、科技成果交易主体、政府部门等。

二、科技中介的特征与类型

(一)科技中介的特征

1. 业务活动的指向性和服务对象的多样性

科技中介是为包括科技研究、转化、交易扩散各环节在内的科技活动全流程提供服务的机构,因此科技活动构成了科技中介经营业务活动所指向的客体对象,这也是区别于其他类型市场中介的主要方面。在这个客体对象指向之下,科技中介对参与到科技活动全流程的各类主体提供服务。这些主体包括大型企业、私营型科研机构、高校等科研院所、中小企业、政府部门等。这些主体在自身属性、运作特点、业务范围、需求内容和层次等方面存在巨大差别,由此形成了科技中介服务对象的多样性特征。

2. 服务的专业性和知识密集性

科技中介服务的这个特征首先源于其服务所指向的科技活动。科技活动本身即具有显著的技术性和知识密集性特征,要为此种活动提供有价值的服务,科技中介的服务必须具有与之匹配的专业性和知识密集性。其次,科技活动全流程的不同阶段也要求科技中介提供不同的专业化服务。例如,科技创新主体在决定是否研发某项技术之前,需要科技中介提供科技查新、市场调查和论证服务,以规避研发风险;在进入研发阶段以后,科技创新主体遭遇技术难题时需要科技中介提供研发建议,研发资金不足时需要科技中介直接提供融资或提供融资途径,在中试阶段需要科技中介提供平台或技术支持;在研发成功后,需要科技中介进行科技成果价值评估、产权交易撮合等;在大面积产业化和后续研发阶段,需要科技中介协助拟定知识产权战略、企业间的兼并重组方案等。这些服务无一不要求科技中介能够提供具有高知识含量的专业性服务。也正是因为这个原因,科技中介从业人员应当具有较高的专业水平和丰富的知识储备。

3. 服务内容的综合性

科技作为经济和社会发展的第一生产力,引领着整个世界未来的发展方向,其触角已经深入社会生活的方方面面,并与政治、经济、文化等领域内的各基本要素产生深度关联。科技活动随之开始呈现复杂、精细的发展趋势，影响科技活动进程的因素和风险亦日渐增多。在此时代背景下，参与到科技活动中的各类主体需要科技中介提供的服务种类超过了以往的任何时期。这就要求科技中介不能仅围绕科技研发创新这一点提供服务，而是必须着眼于科技活动的整个流程，将管理、融资、评估、营销、交易等诸多方面业务纳入服务内容，即必须能够为科技活动关联主体提供综合性一站式服务。

4. 服务方式的协同性

服务方式的协同性是科技中介在近年来的发展过程中出现的新特征。随着科学技术的快速发展，关联主体对科技中介服务的要求越来越高。而在科技中介行业中，除了个别综合实力较强的科技中介可以独立应对这些要求以外，大部分科技中介并没有足够的能力满足各类关联主体的全部需求。为了降低经营成本，控制业务风险，"协同作战"成为大多数中小型科技中介的必然选择。在协作对象的选择上，除了在科技中介行业内部寻求合作之外，该群体以外的其他市场中介组织也常常成为科技中介的必然选择。从社会层面看，这种"协同作战"模式在共赢目标的召唤下，能够有效消除各类市场主体间的信息和资源壁垒，降低交易成本，取长补短，优化配置各类资源，从而实现科技活动效率的最大化。

（二）科技中介的类型

经过改革开放多年来的发展，我国科技中介群体已经成长为机构数量庞大、种类繁多的大型行业。较为典型的科技中介如：①专利代理机构。其主要从事为创新主体的科技成果申报专利的工作。②孵化器和创业园。其主要为创业阶段的中小企业提供场所、资金、信息等服务。③技术交易市场。其主要通过建设线上线下交易平台，为技术供给方和需求方进行交易提供场所和途径。④生产力促进中心。其主要开展技术研发诊断、成熟技术的转化、技术培训等业务。以上四种科技中介在社会中的知名度较高，为人们所熟知。除此以外，我国还有大量其他名目的科技中介。尽管如此，在理论研究上仍可以通过类型化处理的方式，对名目繁多的科技中介进行归类，以便为形成监管和扶持制度提供基础。值得指出的是，与科技中介的概念相似，我国学界并未对科技中介的类型达成共识,学者们提出了多种分类标准并形成了不同的分类结果。

(1) 根据设立科技中介的主体不同,可以分为四类:①政府资助设立的科技中介,如各级技术交易所、技术转移中心、孵化器;②大学和研究机构设立的科技中介,如大学科技园、技术转移办公室等;③商业科技中介机构;④各种协会设立的科技中介机构。①

(2) 根据科技中介的功能和作用不同,可以分为四类:第一类是科技产业的行业组织。主要形式有科技行业的行会、行业协会等。如现在已有的软件业协会、科技咨询业协会、民营企业家协会等。第二类是为科研机构和企业提供专业化、社会化服务,促进技术创新和科技成果产业化的中介服务机构。主要有工程技术研究中心、生产力促进中心、企业孵化器、科技咨询机构、工程咨询机构、项目可行性论证评估机构等。第三类是为促进各种科技要素资源按市场机制进行整合,实现生产要素优化配置的中介服务机构。如技术市场、技术产权交易机构、风险资本市场、人才市场等。第四类是市场行为的监督机构。主要有知识产权评估机构、律师事务所、会计师事务所、公证和仲裁机构等。②

(3) 根据科技中介是否以营利为目的的不同,可以分为营利性科技中介和非营利性科技中介。营利性科技中介主要提供有偿的中介服务,与其他市场中介一样,属于以营利为目的、自负盈亏的市场主体。非营利性科技中介不以营利为目的,主要提供的是无偿公益性服务,多为政府主导或出资设立,具有半官方性质。从发达国家科技中介的发展情况看,在科技中介出现的初期多为非营利性科技中介,而随着科技中介的发展壮大,已逐渐转变为以营利性科技中介为主的行业结构。在我国等发展中国家,非营利性科技中介数量较多,如各地的孵化器、创业园和技术交易中心等。

以上三种分类方法,没有孰优孰劣之分,可根据应用目的的不同,选择不同的分类方法。例如,以是否具有营利性或者以设立主体的不同为标准形成的分类结果作为政策制定的依据具有恰当性;以科技中介功能和作用的不

---

① 周红、曹丽蒲、陈惠:《科技中介服务业理论研究综述》,《中国商贸》2014年第32期。
② 马松尧:《科技中介在国家创新系统中的功能及其体系构建》,《中国软科学》2004年第1期。

同为标准形成的分类结果作为制度制定的依据，能够使所建立的制度更具针对性。

三、科技中介产生、发展的支撑理论

科技中介最早诞生于19世纪中叶，以成立于1856年的德国工程师协会（VDI）为代表的咨询类机构是科技中介的最初形态。在第一次世界大战以后，英国、美国、法国等西方国家的工业得到迅速发展，科技咨询业随之呈现出快速增长的局面，为科学技术研究提供智力和资金支持的科技中介亦开始出现。到了第二次世界大战以后，第三次科技革命的浪潮使得科学技术成为一种重要的生产要素嵌入到企业的生产过程中，科技创新成为提升企业生产力、产品推陈出新的关键驱动力，企业对科学技术的需求与日俱增，科技中介开始迎来重要的发展契机。而战后高新技术的"军转民"、保密实验室走向社会的现实需要，更进一步促使西方国家的科技中介得到快速发展。冷战结束后，由于国家之间发生大规模战争的可能性大幅度降低，经济实力取代军事实力成为世界各国竞争力的主要组成部分。伴随着第四次科技革命快速迈进的步伐，经济实力的竞争越来越多地表现为科技实力的竞争，特别是科技研发、成果转化能力之间的竞争，使科技中介获得了在深度和广度上远超以前任何时期的发展空间，并呈现出网络化、全球化、分工精细化和专业化发展态势。[①] 对于科技中介产生、发展的上述历史脉络，学界不少学者从不同的角度，借助不同的理论进行了较为全面的学理剖析，形成了诠释科技中介产生、发展原因的支撑理论。

（一）产业结构理论

根据产业结构理论中的三大产业分类法，可将整个国家的产业类型分为第一产业（包括农、林、牧、渔在内的大农业）、第二产业（工业和建筑业）、第三产业（生产服务业和生活服务业）。随着世界经济、社会的发展，原本各司其职、泾渭分明的三大产业逐渐呈现出与以往不同的特点和发展

---

① 陈天荣：《科技中介发展动力研究——兼论嘉兴对策》，北京理工大学出版社，2011年，第1页。

趋势：

第一，在原始社会和封建社会，第一产业均是无可替代的支柱产业。到了自由资本主义时期，工业革命使得第二产业得到快速发展并超过第一产业而成为主导。在第三次科技革命以后，虽然第一产业和第二产业仍保持持续增长的态势，但第三产业异军突起，不论在发展速度、产值比重，还是在劳动力比重方面均超过了前两个产业，成为拉动一国国内生产总值的主要动力源。

第二，各产业之间的界限日益模糊。20世纪末以降，三大产业开始出现逐渐融合的现象，综合产业、交叉产业的出现更使得部分领域的产业边界完全消失。例如，原本从事第三产业的沃尔玛连锁超市，已经能够向消费者提供由其自身或关联公司生产的日化用品以及农产品。随着互联网的出现，第一产业和第二产业中的大量企业亦开始直接面向消费者进行产品销售。

第三，三大产业对知识、技术、信息等无形生产要素的依赖程度超过了对人力、物力等有形生产要素的依赖程度。知识密集性和技术密集性成为三大产业的共有特征。在第一产业中，温室栽培、嫁接、转基因技术、无土培植等技术改变了传统的农业种植和养殖方式，具有新特点的农产品层出不穷，原本许多难以进行人工种植或养殖的农产品开始出现在农场中。在第二产业中，除了生产工艺、自动化程度和精确化程度被大幅度提高以外，功能的高度集成性、智能化特点也开始出现在越来越多的产品上。在第三产业中，企业像第一产业和第二产业一样，开始向社会提供以软件为代表的产品。第三产业的服务重心亦从侧重于生活性服务转变为生产性服务。[1]

若探究三大产业出现上述重大变化的原因，则可将其中的关键因素归结到科技进步这一点上。科技进步带来的产业内生产要素的升级以及在产业间的有效流动，构成了产业结构升级转变的主要驱动力。不论是纯粹的科技进步还是产业结构的升级转变，均为科技中介的产生和发展提供了肥沃的土壤。就科技进步而言，企业为了避免重复研究和研发失败的风险，在技术研发初期就迫切需要科技中介提供查新、咨询等服务。在研发过程中，企业亦

---

[1] 关于产业结构理论内容的阐述，参考了吴泗《科技服务业发展生态研究》，光明日报出版社，2012年版第17-21页的内容。

需要科技中介提供资金、知识和技术等方面的支持。就实现产业结构升级转变而言，各产业内部的资源利用率和劳动生产率的提升需要依赖科技中介提供咨询、培训、管理等服务，重新锻造、改良生产流程和生产工艺。在突破产业界限，实现跨产业经营的过程中，企业普遍面临着经验、信息、渠道、社会网络等方面不足的难题，需要依靠科技中介的服务予以解决。

综上所述，科技中介作为第三产业中典型的企业类型，在第三产业全面崛起的大背景下得到了发展的重要机遇。传统三大产业相互融合、混业经营的发展趋势，则使科技中介能够渗透到三大产业的内部，通过提供产业升级、融合所需要的服务，获得了持续发展所需要的交易机会和利润。而三大产业对科学知识和技术依赖程度的加深，以及科技成果的发展趋势，都为科技中介的快速发展提供了巨大空间的可能性。

（二）交易成本理论

在新制度经济学将交易成本作为影响经济行为的主要因素之前，不论是古典经济学还是新古典经济学模型均未将交易成本作为经济行为的分析要素。新制度经济学奠基人科斯不仅仅将交易成本这个概念引入经济学分析，他更重要的贡献在于通过这个概念实现了对整个经济学一般化分析工具的更新，交易成本也因此被后来的新制度经济学家用于诸多领域的分析中。在科斯的理解里，交易成本包括：①为了获得准确、完整的市场信息所需支付的费用；②谈判费用和经常性契约费用。威廉姆森则将交易成本划分为：①事先的费用，即为了缔约而支出的以及对当事人的权责进行规定等所花去的交易费用；②缔约后，为了解决契约所存在的问题，从改变契约条款到退出契约关系等各种解决手段所花去的费用。[①] 后来，交易费用在新制度经济学中被进一步扩展分为三大类：①市场交易型费用，主要包括搜寻和信息费用、讨价还价和决策费用、监督和执行费用；②管理型交易费用，主要包括建立、维持、改变和运行一个组织设计的费用；③政治型交易费用，主要包括

[①] 卢现祥：《西方新制度经济学》，中国发展出版社，1996年，第7页。

建立、维持、改变和运行政治组织和制度的费用。① 将交易费用的概念纳入经济分析并且将该概念作为一般性分析工具的组成要素，使经济学能够在考虑经济制度设计以及制度对人们经济行为的影响时增加新的考虑维度，从而更全面和真实地观察现实世界中经济运行的规律，进一步摆脱自古典经济学以来抽象式分析方式的影响。② 根据新制度经济学的观点，交易成本必然会对科技活动的关联主体进行科技研发、转化、交易扩散的决策产生重要影响。例如，创新主体在决定是否进行某项技术研发之前，需要考虑研发工作的条件是否完备、研发资金的投入量、市场上是否存在相同或相类似的技术、研发失败的风险等与其在研发工作中可能支出的成本有关的事项。而由于科学技术的日益复杂，再加上自身能力、经验所限，创新主体常常没有获取和处理与这些事项有关的精确信息的能力。这对于大量的中小企业而言尤其如此。这时候就需要专门的机构为之提供服务，以满足创新主体的需求。科技中介作为为科技活动提供专业化服务的机构，能够为创新主体在成本核算、科技查新、风险预估方面提供所需的信息和专业建议，直接推动以科技研发为起点的科技活动。

科技中介除了在充分满足科技活动关联主体上述需求的过程中证成了自身存在的价值以外，更主要的是能以较低的服务成本优势获得立身于科技活动全流程的空间。理由何在？我们可以回顾一下科斯在《企业的性质》中就企业产生的原因提出的著名论断：当市场交易成本高于企业内部的管理协调成本时，企业便产生了，企业的存在正是为了节约市场交易费用，即以费用较低的企业内交易代替费用较高的市场交易。对于该论断的反向理解是，如果在处理某项事务的过程中，企业内部的管理协调成本高于市场交易成本，那么企业就会将该事务通过交易交由其他市场主体去处理。科技中介的产生正是由于其在搜集、处理科技活动所需要的信息等方面的成本小于创新企业等关联主体处理同样事项的成本，因而能够存续于科技活动的全过程中并获得持续不断的发展动力。那么科技中介缘何能够降低交易成本？原因包括如

---

① 埃里克·弗鲁博顿、鲁道夫·芮切特：《新制度经济学：一个交易费用分析范式》，姜建强、罗长远译，浙江人民出版社，2006年，第59-67页。
② 张铣：《先合同信息披露法律制度研究》，法律出版社，2015年，第29-30页。

下方面。

1. 科技中介提供的服务具有成本优势

在绝大多数情况下,科技中介提供服务所耗费的成本均低于科技活动的关联主体为自身提供同样服务时所耗费的成本。导致这种结果的原因有很多,并且因服务的内容不同而使原因也会有所不同。我们可以以科技中介提供的主要服务类型之一——信息服务为例,分析科技中介获得成本优势的原因。

信息对于创新主体、政府部门、技术需求方等科技活动的关联主体作出相关决策的重要性是不言而喻的,可是对于这些主体来说,某种信息很可能只有被使用一次的价值,而搜寻这些信息的成本却较高。在专门从事科技信息搜集和使用的科技中介手中,这些信息常常并非只能被使用一次,而是能被反复使用多次。因为相关信息到了科技中介手中能汇集成信息库并被贮藏起来,可以待需要时取出并反复加以使用。信息库的规模效应能给科技中介带来诸多优势:闲置信息可以存放在信息库中,遇到新的信息需求时可以先检索既有信息库,而不是必须马上进行信息搜集;可以利用同一信息为不同的主体服务;可以利用信息库中的各类别信息对目标进行综合分析、评估,获得更有价值的结论和建议。除了上述定性化的阐述,信息库的规模效应还可通过定量分析的方式更直观地凸显出来。假定在技术交易市场上有潜在的 a 个技术出让方和 b 个技术受让方($a>1$, $b>1$。当 $a=1$ 或 $b=1$ 时,意味着垄断,不存在选择问题),那么对于整个市场来说,要进行 $a \times b$ 次磋商或信息获取才能确保每一个出让方或者受让方所签订的合同对自己是最有利的。如果这个市场加入了科技中介这个因素,那么科技中介就会先分别与所有的出让方和受让方进行磋商或者进行信息获取,据此进行最佳配对组合,这时所需进行的磋商或信息获取的数量为 $(a+b)<(a \times b)$,市场效率获得了提升。①

从另外一个方面看,信息的无形性特征决定了信息使用的边际成本远远低于信息的获取成本,即便我们假定科技中介在搜寻信息上所需要花费的成

---

① Stefan Grundmann, Wolfgang Kerber, Stephen Weatherill. *Party Autonomy and Role of Information in the internal market* [M]. Walter de Gruyter, 2001: 270.

本与科技活动的关联主体一样,那么科技中介在反复使用信息过程中的低边际成本也能拉低该信息的搜寻成本,从而实现了更高的市场效率。这一点正好验证了科斯的观点:"企业的规模决定了在企业内交易的边际费用等于市场交易的边际费用或等于其他企业内部交易的边际费用那一点上。"[①] 正是因为科技中介在信息获取和使用上的边际成本(也即市场交易边际费用)低于将信息获取和处理纳入一般企业自身业务范围的边际成本(企业内交易的边际费用),所以科技中介才能成为独立于科技活动的关联主体并为之提供信息服务的市场主体。

2. 科技中介的专业性效应

科技中介的第二个优势在于其专业性。专业性使科技中介不仅具有更高的服务效率,而且具备了为科技活动的关联主体提供高质量服务的能力。这种专业性主要来自于三方面:专门的教育、丰富的经验、专业的技能。科技中介在从事长期的科技服务业务过程中能积累大量这方面的经验。这些经验不但使科技中介能更有效地为科技活动的关联主体规避技术研发和交易的风险,更准确地选择解决问题的恰当路径,更全面地为政府部门决策提供切实依据,而且还可以凭借这些经验发展出新的专业技能,从而进一步降低自身的经营成本。这些经验中的成熟部分还会被引入课堂,成为对科技中介从业人员进行培训的素材,进而提升业务水平,实现专业性的进一步提升。[②] 毫无疑问,科技中介的专业性使科技活动的关联主体能够在支出相对较低的成本的同时,自身的需求获得更高质量的满足。这是关联主体通过内设与科技中介类似的机构所无法实现的。

综上所述,关联主体在开展科技活动的过程中需要解决诸多问题,而问题解决的成本和效果影响着关联主体对问题解决途径的选择,科技中介凭借其成本优势和专业优势,赢得了为关联主体提供服务的市场空间,并获得了在科技活动全流程中的栖身之所。

---

① 卢现祥:《西方新制度经济学》,中国发展出版社,1996 年,第 7 页。
② 张铣:《论信息中介在现代交易中的重要作用及其制度需求——以先合同信息披露义务的扩张为背景》,《华南理工大学学报(社会科学版)》2013 年第 4 期。

（三）系统创新理论

创新理论最初是由熊彼得于1912年提出的。他认为，创新可以使新的生产原料转变为生产要素，拓宽和加深了人们利用生产要素的广度和深度，导致了生产要素、生产流程、生产条件的重新组合配置，新的市场得以建立和拓展，从而实现经济的增长。在该理论的基础上，创新系统理论逐渐成型，并产生了国家创新系统的概念。随后，系统创新理论的研究从国家创新系统具体化为区域创新系统。奥马在阐释这个研究重心的迁移时指出：随着全球一体化和国家边界的消失，从经济意义上，"国家状态"日益让位于"区域状态"，区域成为真正意义上的经济利益体。[①]

区域创新系统概念最早是由库克提出的。他认为，区域创新系统是在地理上相互分工与关联的生产企业、研究机构和高等教育机构等构成的区域性组织体系，这种体系支持并产生创新。[②] 王核成、宁熙认为，区域创新网络是指某一特定区域内互相联系，在地理位置相对集中的利益相关多元主体共同参与组成的以技术创新和制度创新为导向、以横向联络为主的开放系统，它是在地理位置相互靠近的经济主体之间通过某种方式而形成的一系列长期交易关系的集合。其中既包括把各类行为主体连结起来的一般联系，在更大程度上也体现在系统内以资产、信息、人才、技术的流动等具体形式之上的经济主体之间的交互关系。[③] 该系统的主要功能为整合区域创新要素、激活中小企业、发展高新技术产业、促进科技成果转化、加快传统产业改造和推进制度与机制创新。[④]

在区域创新系统的结构上，应由包括创新机构、创新基础设施、创新资源和创新环境在内的四个相互联系、相互作用、相互协调的要素有机组合而成。创新机构主要包括政府、企业、大学、科研院所、孵化器及其他中介机构。创新基础设施包括信息网络、图书馆、数据库、公共基础设施等基本条件。创新资源指资金、人才、信息、知识和专利等。创新环境是政策与法

[①] K Ohmae, *The Rise of the Region State*, Foreign Affairs, 1993, 72 (2).
[②] 戚汝庆：《区域创新系统理论研究综述及展望》，《经济师》2007年第3期。
[③] 王核成、宁熙：《硅谷的核心竞争力在于区域创新网络》，《经济学家》2001第5期。
[④] 刘曙光、田丽琴：《区域创新发展的模式与国际案例研究》，《世界地理研究》2001年第1期。

规、管理体制、市场与服务的统称。①

在由政府、企业、大学、科研院所、孵化器及其他中介机构组成的区域创新系统中，科技中介以承上启下、居中协调的桥梁角色出现，在系统内发挥着不可替代的六大功能：沟通粘结功能、咨询服务功能、协调重组功能、②培训交流功能、转化推广功能、技术服务功能。其能够发挥上述功能的原因在于：在科技研发阶段，科技中介基于掌握的丰富信息资源、在长期的科技研发评估中获得的专业技能、对市场趋势和政府政策的准确把握，有足够的能力承担起为企业、大学、科研院所等创新主体评估研发价值、提供研发方向和方法指导、规避研发风险的任务。在科技成果转化阶段，科技中介通过长期经营积累的社会网络资源和进行科技成果转化积累的经验，使处于研发端的创新主体拥有的尚不完全具备规模生产条件的科技成果转化为可供工业生产和应用的实用技术，并通过交易转移给处于应用端的下游生产企业。通过科技成果转化，创新主体能够从转化和交易中收回研发成本、赚取持续研发所必要的利润，又使得下游生产企业能够获得新的技术，提高生产效率，实现了研发端和应用端的双赢。在技术交易阶段，一方面，科技中介能够针对需求方的要求和目标，全面快速地对现有科技成果进行检索，筛选出最适合需求方的技术并促成交易；另一方面，科技中介还能够为供给方以恰当的对价出让手中掌握的科技成果牵线搭桥，实现供给方利益的最大化。在政府相关职能部门履行科技活动扶持和监管职能时，科技中介由于长期、大范围深入接触科技活动各关联主体，更加了解它们的技术需求、发展现状和趋势，能够提供非常准确的信息和建议，为政府职能部门制定恰当的扶持和监管政策奠定了必要的基础。

综上所述，科技中介是串联、沟通和协调区域创新系统各主体，并使之在系统中发挥最大作用的重要关联点。它在区域创新系统中是维持系统正常运作，使系统保持旺盛的生命力所不可或缺的重要组成部分。区域创新系统中科技中介的数量、类型、作用以及发展状况，均会对区域创新系统的稳定运行产生深刻的影响。

---

① 王稼琼、绳丽惠：《区域创新体系的功能和特征分析》，《中国软科学》1999 第 2 期。
② 彭纪生：《论技术创新网络中的中介作用》，《自然辩证法研究》2000 年第 6 期。

第二节 科技中介的功能剖析

从科技活动本身来看，居于主导性地位的是高校、科研机构、政府部门、技术需求企业等关联主体。科技中介作为科技活动关联主体之间的桥梁和纽带，具有明显的从属性和辅助性特征。其本身并没有独立存在的价值，其存在和发展的价值需通过对关联主体需求的满足才能得以彰显。而要满足关联主体的需求，则须依靠科技中介功能的完备和充分发挥。换句话说，关联主体的需求是否能得到响应，以及在何种程度上得到满足，是决定科技中介是否应当具备与关联主体需求相对应的功能，以及应当将功能发挥到何种程度的关键因素。因此，在全面梳理科技中介的功能体系前，有必要以科技活动的流程为逻辑脉络，对关联主体在全流程各环节中的需求进行全面分析。

一、科技活动全流程中关联主体的各环节需求分析

科技活动的全流程包括研究、转化、交易扩散三个基本环节。在不同的环节中，关联主体由于在行为目的、实施条件、制约因素等方面存在较大差异，因此其需求呈现出不同的特点。即便是在同一环节中，不同关联主体角色上的差异也会使需求出现异化甚至是冲突，典型者如交易环节中的出让方和受让方。对此，可以将上述三个基本环节作为分析节点，在厘清各节点差异要素的基础上，逐一分析关联主体的具体需求。

（一）研究阶段关联主体的需求分析

研究阶段是科技活动的起始环节。这个阶段科技活动的特点是目标的指向性不明晰，研究的复杂程度和成本难以准确预估，研究的结果容易偏离初始目的等。它主要包括原理、现象、可能性的探索、验证和基础性科研成果研发两个子阶段。

参与到原理、现象、可能性的探索和验证阶段的关联主体主要包括从事理论研究、前沿问题研究工作的高校和科研机构，以及主管科技活动的政府

相关职能部门。高校和科研机构要在此阶段获得相应的科研成果，需要一定科研经费的投入和具备基础研究条件的实验平台。政府职能部门如果要对这个阶段的研究活动进行正确的引导和推动，就需要准确把握学科现状、前沿、发展趋势等信息，并在此基础上制定能充分支持探索和验证工作的规划，才能恰当履行其引导和推动职能。

参与到基础性科研成果研究阶段的关联主体主要包括高校、科研机构、创新企业和政府职能部门。这个子阶段的主要科技活动是将前一子阶段所发现和验证的原理、现象、可能性进行深度挖掘研究，并形成基础科研成果。与前一子阶段相比，这个阶段的科技活动需要高额的科研经费和高素质人才组成的科研团队的长期深度参与以及大型数据库和高级实验设备。政府职能部门需要更精确地掌握相关研究领域的状况，以在支持基础性科研成果研究工作的规划中，就科研资金如何分配等问题作出倾向性或重点性安排。

（二）转化阶段关联主体的需求分析

转化阶段是基础科研成果转变为实用技术、工业产品、成熟工艺的关键环节。此阶段的主要作用在于经过一系列技术、经济检验以及反复的调试、验证，使基础科研成果形成能被市场承认和接纳的技术、产品、工艺。整个转化阶段可细分为四个子阶段：应用前景和价值评估，原型设计研发，工艺技术定型，小试和中试。这个阶段的关联主体主要包括高校、科研机构、创新企业、政府职能部门等。

应用前景和价值评估子阶段的工作主要是通过恰当评估，在众多的基础科研成果中筛选出转化成功概率较高的成果。从科技成果转化工作的现实情况看，在研究阶段形成的大量基础科研成果由于成果产生的环境过于苛刻、配套转化条件不完备、转化成本过高等诸多原因，往往不适于作为转化对象。正是由于这些原因，转化率不高成为当今世界各国，尤其是我国科技成果转化工作遇到的难题。如果一项基础研究成果由于评估出现偏差甚至是错误而进入了后面几个子阶段，那么将会耗费大量的资金、人力、物力而无法获得任何收益。所以这个子阶段的工作被各关联主体充分重视。要避免评估偏差和错误，评估主体需要拥有海量的评估数据和信息、专业的评估技能、丰富的评估经验，以及对相关市场现状和发展趋势的把握能力等必要条件，而这些条件正是绝大多数的关联主体所不具备的。

原型设计研发子阶段的工作主要是对前一阶段筛选出的具备广阔应用前景、转化成功可能性较高的基础科研成果，转化为可供重复生产、制造的工业原型。执行这一工作的关联主体可能是基础科研成果的拥有者，也可能是专门或有条件从事原型研发设计的其他主体。基础科研成果的拥有者并不必然拥有原型设计研发的经验、知识、技能和设备，其往往无法独自顺利完成原型设计研究，而需要其他主体的协同配合。更多的情况下，基础科研成果的拥有者不愿或根本不能从事这项工作，而是将基础科研成果交由专门或有条件从事原型设计研发的其他主体。以我国目前的情况为例，基础科研成果的拥有者多为高校或科研机构，但能够成功将基础科研成果转化为工业原型的却屈指可数。高校和科研机构通常会将原型设计研发工作转移给创新企业等其他关联主体。在这种情况下，转出方和转入方针对成果转移会产生新的需求。例如，转出方需充分了解转入方的转化能力，转入方需要验证转出方前一子阶段评估结果的真实性和可靠性，双方需要对转化失败后的成本分担问题和转化成功后的利益分配问题进行协商并达成一致。

工艺技术定型子阶段的工作主要是将前一子阶段研发设计出的原型与经济可行的工艺流程结合起来，初步确定生产制造的流程和方案。这个过程除了需要大量的资金投入、实验比较数据以及研究设备等投入以外，商业秘密的保护和知识产权的获取也是承担这一阶段工作的主体必须充分考虑的，与上述特点相对应的需求亦由此产生。

小试阶段的主要工作是对前一子阶段完成的原型设计和初步确定的工艺流程进行小规模增量测试。小试之前的所有试验实质上都属于较小数量测试，而小试则是在此基础上放大测试的数量。中试则是对小试对象的进一步增量测试和现实生产环境测试。它是整个转化过程的核心环节，包括前向检验和后向检验两个部分。在前向检验中，它针对通过小试检验的科技成果进一步放大测试数量，并开始脱离实验室环境，以真实的生产环境为条件对科研成果作进一步技术检验和环境适应性调整，包括对生产的工艺、流程、技术和标准等作进一步规范，使科研成果具备符合规模生产的属性。在后向检验中，重点检验的是待转化的成果能否被市场所接受。因此在中试环节，除了对与市场销售有重要关联的相关参数进行测算以外，也可能进行最终产品的小批量生产和市场投放。在此基础上，搜集和汇总规模生产成本、利润、生产效率、不合格率等数据，形成中试结论以作为是否进行商业化生产制造的最终决策依据。然而，不论是小试还是中试，均是非常消耗研发资金的工作，而且相当一部分基础科研成果在进行小试和中试以前，均无法通过应用前景、价值评估和原型设计研发准确判断该成果形成的终端产品能否以及多大程度上被市场所接受。正是由于这个原因，承担小试和中试工作的主体不但需要承受较大的资金压力，也同时面临着巨大的失败风险，而且在中试环节，能否全面客观地形成准确的中试结论也存在着不确定性。综上所述，不难看出小试和中试主体的资金需求和风险规避需求是较为突出和迫切的。

政府职能部门在转化阶段的主要工作内容是以扶持为主、以监管为辅。扶持的方式包括直接的资金投入、补贴、税收优惠等。政府在扶持资金有限的情况下，需要在广泛搜集信息的基础上经过谨慎筛选，才能对何种转化主体、对何种基础科研成果的转化提供扶持形成具体政策。政府职能部门在进行实际扶持以后，还需要得到如补贴、资金投入是否被悉数妥当使用，转化结果是否真实可靠等信息的真实反馈，进而才能正确履行其监管职能。

（三）交易扩散阶段关联主体的需求分析

交易扩散阶段因科技创新最终交易客体的不同而在工作阶段和内容上产生差异。如果最终交易的客体是产品，那么还须将产品商业化的子阶段包括在交易扩散阶段中，如果最终交易的客体是工艺或技术，则不一定存在产品商业化的过程。这个阶段的关联主体主要为企业和政府相关职能部门。

产品商业化子阶段的主要工作是将通过了小试和中试检验，具有市场前景和价值的产品进行市场示范性试销。这一子阶段的工作具体内容：首先，通过宣传、展示、推介，使市场认识和了解创新产品；其次，根据市场初步反馈的信息对产品进行适销性调整，然后开始进行小规模生产；最后，将小规模生产的产品投放到市场中进行试销。上述工作的意义在于，通过小范围市场的检验，捕捉之前尚未发现的产品的瑕疵缺陷并予以弥补，同时根据市场的需求进行适销性调整，为产品最终的大规模生产和销售提供可靠的市场检验结论。因此，在这一子阶段中，以企业为主的关联主体最主要的需求集中于信息搜集和反馈处理。当然，因为商品化过程同样需要大量资金投入，所以关联主体的资金需求同样旺盛。

对于经过产品商品化阶段的创新产品，以企业为主的关联主体会依据获得的市场检验结论进行性能、外观等方面的改进，然后开始大规模生产和销售。要使产品在市场上获得可观的销量，投入大量资金开展大范围营销工作、建立广泛稳定的销售渠道最为关键。以中小企业为代表的相当一部分关联主体，常常受到资金缺乏、营销经验不足、销售渠道有限等问题的制约，难以实现预期的销售目标。同样的，对于未经或无需经商品化阶段的新工艺技术，通过何种展示平台和营销宣传手段，让市场上尽可能多的潜在受让方知悉、了解新工艺技术的特点和优势，也是出让方最为关心的事情。对于潜在受让方而言，在技术市场海量的工艺技术中，如何进行检索、对比并筛选出可以满足己方需求的工艺技术，是困扰潜在受让方的主要问题。这些关联主体希望能有效解决这些问题的需求也由此产生。应当指出的是，产品的大规模生产、销售或将工艺技术成功推向市场不是科技活动的终点，而只是阶段性节点。要想产品在市场上保持持久的生命力，从而获得更大的收益，生产产品的企业还需要持续关注市场的变化，对产品进行改良、对制造工艺进行改进。提供工艺技术的出让方往往需要对受让方应用技术进行持续的指导。在此过程中，双方捕捉到的科技创新点还可能成为启动新一轮科技活动的诱因。

在这个阶段中，政府的主要工作是对产品销售和技术交易进行监管。如何能够使监管工作恰如其分，既不过分干预又能避免监管不足，成为政府职能部门重点关切的问题。特别是对于具有无形性特征的技术交易，如何进行有效监管面临着更大的困难和障碍。此外，出于产业扶持、助推经济发展的目的，政府职能部门有可能对部分企业提供税收减免等优惠条件。如何在扶持与监管间取得适当平衡，进而促进高校、科研机构、企业等科技活动的关联主体健康发展，形成科技活动的良性循环，是政府相关职能部门理所当然的核心需求。

二、科技中介响应关联主体需求的表层功能梳理

科技活动全流程各环节中关联主体的不同需求，既为科技中介提供了生存和发展的现实条件，同时也对应着科技中介在这些环节中能够发挥的功能。

（一）信息搜集、处理和提供

对信息进行搜集、汇总和筛选是科技中介最主要的功能。针对科技活动全流程的各环节中不同关联主体对信息的不同需求，科技中介能够充分发挥其在信息搜集和处理方面的优势，充分满足这些需求。在研究阶段，科技中介除了能够为高校、科研机构等关联主体搜集拟研究对象的研究现状和相关联的最新科技信息，为后者选择恰当的研究方向提供参考依据，还能够为政府相关职能部门制定支持科技活动的规划和纲要搜集、整理必要的基础信息。在转化阶段，科技中介能够在应用前景和价值评估子阶段，对市场现状和发展趋势方面的海量数据进行搜集处理；在原型设计研发子阶段，为技术转出方搜集有关转入方转化能力、信誉等方面的信息，为技术转入方搜集与科研成果有关的信息，顺利实现技术的转移；在小试和中试子阶段，汇总产品检验形成的数据并进行处理；在整个转化阶段为政府职能部门制定扶持政策，确定扶持的方式、幅度和对象提供信息支持。在交易扩散阶段中，科技中介能够在产品商品化子阶段，及时、全面地捕捉市场上各方主体对产品的反馈信息并形成定量化的调查报告；在创新产品的大规模生产和销售阶段，持续跟踪创新产品的售后情况并向关联主体及时反馈；在技术交易中，除了搜集交易双方的资信等主体信息以外，能够为技术出让方确定转让对价搜集该技术的市场容量、竞争性技术的市场定价、技术更新周期等信息，为技术受让方全面搜集在技术市场上能够确实满足其需求的相同或类似信息并进行对比筛选，促成交易；为政府职能部门进行恰当监管搜集市场主体的经营动态信息。

（二）咨询评估功能

咨询评估功能是科技中介在其信息搜集、处理功能基础上衍生出来的。

科技中介在长期反复的搜集、汇总和筛选信息工作中，逐渐掌握了信息处理方面的专门知识和技能，并积累了丰富的经验，为咨询评估工作奠定了重要的基础。科技中介所搜集汇总的海量信息形成的数据信息库为咨询评估提供了重要的实证信息和数据依据，确保了咨询评估服务的质量。纵观科技活动的全流程，科技中介能够在诸多环节中为关联主体提供咨询评估服务：在研究阶段，为高校、科研机构选择研究方向提供可行性建议；在转化阶段，直接提供应用前景和价值评估服务，综合小试和中试各项检验工作所得的数据形成试验检验报告；在交易扩散阶段，汇总创新产品商品化过程中的市场各方主体的反馈信息形成市场评估报告，为创新产品制定合理的市场定价、营销路径、推广手段提供完整营销方案，为技术交易双方作出交易决策提供直接的建议；在科技活动的全流程中，为政府职能部门制定科技扶持纲要和规划，拟定具体的扶持政策，对实施监管措施提供咨询报告。

（三）直接和间接融资功能

充沛的资金是支撑科技活动全流程各环节工作顺利开展的重要前提。然而，对于大部分关联主体，尤其是科技型中小企业来说，自有资金不足却是制约其开展各项工作的最大障碍。除了这个短板，这些企业还由于可供抵押的资产普遍较少、信用级别较低等问题，难以从银行等传统金融机构直接获得融资。科技中介则可发挥其直接和间接融资功能，协助关联主体克服资金障碍：①在高校、科研机构和中小企业申请政府研究项目、补贴和税收优惠的过程中提供项目和政策信息、配套材料收集整理等服务，协助这些关联主体获得政府资金的支持；②为关联主体向银行等金融机构申请贷款时提供担保，扫除银行向关联主体提供贷款的障碍；③引入风险投资、私募和公募基金向关联主体进行投资；④利用自有资金向关联主体直接提供融资。

（四）实验平台、办公场地、交易平台供给功能

除了资金，科技活动的开展需要其他的物质基础条件，主要包括：①基础性研究、原型设计研发、工艺技术定型、小试和中试均需要使用到的大型高级科研设备；②关联主体开展科技活动的办公场地；③技术和产品交易硬

件平台。科技中介发展到今天，已经具备了提供上述物质基础条件的功能：第一，大型高级科研设备由于价格昂贵、维护费用高、单个关联主体利用频率低，所以大部分关联主体不愿或没有能力购买。科技中介则可在购入这些设备以后，通过租赁使用等方式反复提供给关联主体进行实验，既避免了资源的闲置浪费，又能收回成本并赚取利润。第二，办公场地昂贵的租金常成为中小企业不能承受之重，具有官方背景的科技中介能以较低的成本或无偿从政府获得办公场所，并以低廉的租金出租给关联主体。第三，通过建立线上线下交易平台，促成交易并从中收取费用，已经成为不少科技中介获得盈利的主要途径。

（五）试验检验功能

拥有实验平台的科技中介除了可通过租赁等方式将试验检验设备交由关联主体使用以外，还可以直接利用这些设备为关联主体提供试验检验服务。在需要进行相关试验检验的关联主体为企业时，它们不仅缺乏试验检验设备，而且也往往不具有试验检验的专门知识和技能，这就需要科技中介发挥其试验检验功能，经专门的试验检验测试后形成结论报告反馈给关联主体。

（六）沟通协同功能

科技中介作为科技活动各关联主体建立广泛联系的桥梁和纽带，沟通协同各关联主体是其主要功能之一。在研究阶段，通过协同整合高校、科研机构的研究力量开展基础性研究。在转化阶段，通过建立与基础科研成果拥有方、技术转移双方等关联主体间的沟通渠道，降低转化工作的风险和成本。在交易扩散阶段，通过与市场各方主体的沟通，将营销方案落实为具体的营销渠道和营销行为。在科技活动的全程，通过与银行、风投、基金公司等金融机构建立合作关系，促使科技活动所需的资金及时到位，通过及时向政府职能部门反馈信息，使这些部门出台的扶持和监管政策更具可操作性和针对性。

（七）知识产权配套服务功能

将具有市场价值的产品、技术等成果申请为专利，是关联主体从科技活动中获得收益的重要保障。由于专利申请是一个需要综合理工科知识和法律知识的工作,一个成功、恰到好处的专利申请就更需要丰富的专利申请经验和专门的技巧。对于大部分擅长科技研发的关联主体,均无法依靠自身解决诸如科研成果是否应当申请为专利、应当如何申请为专利、在何种权利要求范围内申请专利等问题。以专利申请机构为典型代表的科技中介则能依靠其跨学科知识、经验和技能,为关联主体解决上述问题。

(八)培训提升功能

高素质人才是决定科技活动能否获得积极结果的关键要素。要成为高素质人才,除了在学校教育阶段打下的理论功底以外,在职业生涯中的在职培训往往能起到更重要的作用。在多数关联主体不具有对自身工作人员进行培训提升的现实状况下,科技中介可将其在长期辅助科技活动顺利开展的过程中积累的知识、技能和经验组合成培训内容,对关联主体工作人员进行在职培训,提升其在科学研究、信息处理、营销、试验检验等方面的技能。此外,科技中介也能够对政府职能部门工作人员进行在职培训,使其充分了解和掌握科技发展的态势、规律等知识,进而提升这些部门行政管理的效率。

(九)营销推广功能

好的产品和技术是获得高销量和高利润的基础,成功的营销推广则是实现这一点的重要保证。成功的营销推广所依靠的绝不仅仅是营销学知识和技巧,它更需要广泛的销售渠道、网络以及丰富的营销经验。而销售渠道的建立、营销经验的积累均依赖于长期的营销工作。对于关联主体中的大型科研企业来说,其内设的市场营销部门或许具备这些条件足以开展营销推广工作,但对于大部分中小企业来说,则需要依靠科技中介发挥其营销推广功能,将产品和技术以合适的价格销售给尽可能多的客户,从而获得维系其持续发展的必要资金。

(十)声誉信用评价功能

合作交易对象的声誉、信用、科研能力等方面的状况究竟如何,这是科技活动的合作方、交易的相对方等关联主体非常关心但却难以了解、核实的信息。科技中介则可以有效解决这个问题，充分满足关联主体的需要：科技中介由于长期为各关联主体提供所需的各项服务，熟知后者的各方面情况，因此拥有了对各关联主体进行评价的客观依据以及调查手段。以技术交易市场为例，它直接或间接参与到技术交易中，对交易双方的经济能力、合同订立和履行中的诚信度等信息有较为全面和客观的了解，完全有能力对交易双方的声誉、信用进行准确评价。科技中介的这项功能不但能满足关联主体的需要，也可以对政府职能部门履行监管职能提供帮助，更可以藉此形成对关联主体的督促作用，促进科技活动的良性循环。

三、科技中介的深层功能梳理

科技中介通过发挥其表层功能，直接响应了各关联主体的需求。需要进一步指出的是，满足各关联主体的需求仅是科技中介功能的作用和价值在微观层面上的体现，在宏观层面上科技中介同样发挥着重要的深层功能。

（一）促进科技资源要素的优化配置和整合

人才、资金、设备和技术等要素是科技活动得以开展的基础。这些要素通常掌握在各关联主体手中，当然，部分大型科技中介也掌握着部分科技资源要素。科技中介作为各关联主体之间的联系纽带和桥梁，在沟通协同各关联主体的同时，也在对这些科技资源要素进行配置和整合。不仅如此，科技中介凭借其在信息方面的优势和专业知识，能够在科技资源要素的众多配置和整合可能性中筛选出最优的方案，使各关联主体的资源能够取长补短、互通有无，进而实现资源的高效利用。此外，科技中介还可以发挥自己在市场渠道、网络方面的优势，引入科技活动领域以外的资源，实现科技资源要素和其他市场资源要素间恰当对接。针对单个关联主体，科技中介也可凭借专业知识和技能，实现该主体内部科技资源要素的重新排布，提升其创造力和竞争力。由此，科技中介不但促进了科技活动领域以内科技资源由点到面的优化配置和整合，而且贯通了科技活动内外的资源流通渠道，充分提升了科技资源的使用效率。

(二)加速技术转移和成果转化

广义的技术转移包括科技成果转化和技术、成果转让两个方面。科技成果转化是指为提高生产力水平而对科技成果所进行的后续试验、开发、应用、推广,直至形成新技术、新工艺、新材料、新产品,发展新产业等活动。① 技术、成果转让则既包括未经转化的技术、成果,也包括已经转化的技术、成果。

科技成果转化易受到技术、市场、科技体制、配套工艺水平等诸多方面因素的影响,常常难以实现令人满意的转化成果。对于那些转化成功可能性较高的成果,研发主体如果在新技术成功开发后,能够快速、顺利地实现商品化和产业化,就有可能在短期内利用它对该项技术的垄断地位获得超额利润,进而弥补早期的高投入。反过来讲,如果新技术、新工艺不能在寿命周期内迅速实现商品化和产业化,就会使企业的创新活动失去效用,也难以实现高收益来弥补创新活动的高成本。② 正因如此,为了促进和加速科技成果转化,参与转化工作或专门承担转化职能的科技中介才开始出现于科技活动中。科技中介通过发挥自己的沟通联络功能,将原本条块分割的高校、科研机构和企业关联在一起,实现信息的充分传递,使作为科技成果提供方的高校、科研机构能为实际开展转化工作的企业提供基础原理、应用条件、实验参数等方面信息,克服转化过程中的技术障碍,而企业也可将转化过程中遇到的新技术问题及时反馈给高校和科研机构并依托后者的科研工作予以攻克,由此提升了科技成果转化的成功率。当科技中介本身作为开展科技成果转化工作的主体时,其长期从事科技成果转化工作积累的技能和经验,同样保证了转化的成功率。

在技术、成果的转让中,对未经转化的技术、成果,科技中介能够对转化成功率作出较为准确的评估,借此可以将难以实现转化的技术、成果淘汰掉,有效避免了科技资源的浪费。对于已经转化的技术、成果,科技中介可以快速匹配出让方和受让方,为交易双方及时提供各自关注的重要信息,协

---

① 《中华人民共和国促进科技成果转化法》第二条第二款。
② 韩霞:《论我国科技中介服务业的功能定位与发展策略》,《中国软科学》2008年第5期。

调解决双方缔约磋商遇到的各种问题，使交易的效率得到切实提升。在合同履行的过程中，科技中介可协助受让方攻克在技术、成果应用过程中遇到的技术难题和障碍，加快技术实用化的过程。

（三）优化区域创新系统和创新环境

科学技术知识的循环流转及应用是区域创新系统的核心。区域创新系统的运转依赖于知识、技术、信息等要素在各关联主体间的流动和应用，并在此基础上产生科技创新和发展。由于该系统中的每个角色在设立目的、隶属体系、运作规律等方面存在较大差异，因此若想让这些关联主体能够实现良性互动，让知识、技术、信息形成有效流动和应用，必须有科技中介在其中发挥润滑剂的功能，促进各方主体的磨合并形成彼此间有机的联系，进而使整个区域创新系统获得旺盛的生命力和竞争力。

创新环境包括软件环境和硬件环境两个层面。软件环境主要包括政策法制环境、配套服务环境、关联主体联系网的活跃度等。硬件环境主要包括基础设施、研究设备等。在软件环境优化方面，科技中介能够为政府职能部门在制定贴合现实需要、可行性强的政策时提供实证调研材料和直接建议，能够为各关联主体提供信息、咨询、营销、融资等服务，能够强化各关联主体间的合作互动。在硬件环境优化方面，科技中介除了可以直接提供性价比高的办公场地、检验检测设备等科研活动所需的物质要素，还可以充分利用区域创新系统中各关联主体间的闲置资源，实现资源提供方和使用方的共赢互利。

（四）提升政府行政管理的效率

主管科技活动的政府职能部门虽然长期肩负着对科技活动进行扶持和监管的职责，但毕竟居于科技活动以外而没有实际参与到科技创新、转化和交易扩散的工作中。因此，其在获取管辖范围内科技活动的真实情况、各关联主体的运营现状等信息时存在着一定的障碍。如果政府职能部门无法获取或无法充分获取这些信息，那么所制定的规划、政策就会成为无本之木、无源之水，徒添行政成本而缺乏正向增益。扮演枢纽和桥梁角色的科技中介不但处于各关联主体间的中立地位，而且全面掌握着政府职能部门需要的第一手信息和情况。不论是汇总这些信息和情况并向政府职能部门进行汇报，还是在处理这些信息和情况的基础上建言献策，科技中介都无疑能够大幅度提升政府职能部门的行政管理效率。

从当今世界各国政府角色和职能的发展趋势看，大都向着社会自治下的服务型政府转变。即将那些能够由社会系统自身进行治理的事项统统划归到社会系统以内，政府不再承担处理这些事项的行政管理职能而仅对社会系统自身无法或难以解决的问题进行处理。科技中介的崛起则正好填补了政府退出相关事项管理后留下的空白，承担起处理这些事项的职能。对于我国来说，这一点的意义尤其重要。尽管我国改革开放至今已经40年，但却未完全脱离计划经济的影响，也未能实现从全能政府向有限政府的转变。虽经几次政府职能调整后，政府对科技活动干预过细，对各种事项大包大揽的局面有所改观，但仍远远不够。随着我国科技中介的不断发展壮大，政府可以逐渐将不该管或管不好的事项交由科技中介处理，而将自己的主管范围集中于宏观调控、重点扶持、市场监管、公共服务方面。这样既避免了对科技活动的不当干预，又能够使市场规律在科技活动中充分发挥作用，行政管理效率自然能得到大幅度提升。

第三节　科技中介行为论

科技中介的功能需通过其行为才能予以发挥，而功能发挥的程度在很大程度上则取决于科技中介实施具体行为本身的相关情况。那么，科技中介的行为具有哪些特点？其行为与普通市场主体的行为存在哪些方面的差异？要弄清这两个问题，首先需要对科技中介实施具体行为的主要背景——关联主体开展的科技活动进行考察。由于科技活动种类较多，逐一进行探讨会导致篇幅过长且陷于累赘，因此本章选取科技活动中最具代表性的技术交易作为主要分析对象，以此为基点扩及其他科技活动，进而觅得上述问题的答案。

一、技术交易——非对称信息下的科技活动

技术交易是以无形的技术为对象的交易活动，包括专利权转让、专利申

请权转让、技术秘密转让、专利实施许可等。无论是以专利还是技术秘密作为交易对象，其均有无形性、复杂性的特征。对于受让方而言，技术交易对象的无形性意味着：①出让方存在重复出让和利用技术的可能；②受让方无法从物理上排他占有技术；③受让方难以对交易对象进行直观的判断。复杂性则不仅意味着受让方在获得技术之前难以对技术的相关属性和参数进行准确把握，而且在获得技术之后该如何正确应用技术上也可能产生麻烦。对于出让方而言，技术的无形性会导致其在达成交易协议以前，不能向受让方悉数披露技术的重要信息，否则潜在受让方可能在占有相关重要信息的情况下可直接利用该技术并拒绝交易。特别是在技术秘密转让中，出让方的此种担心尤甚。此外，技术的复杂性亦可能导致连出让方自己也无法准确把握技术的所有属性，例如技术的适用范围、负面效应等。

对于技术交易的双方，尤其是受让方而言，要获得能够实现交易目的的技术，必须获知大量信息以解决技术无形性和复杂性所带来的上述问题。从技术交易实践看，这些信息多为出让方所占有，包括：①技术属性信息。如技术实施需依赖于隐性知识、技术是否能用于批量生产等信息。②法律风险信息，指与受让方在受让技术后可能面临的法律风险有关的信息。例如，技术秘密出让前已授权他人、第三人已提出撤销专利的申请等信息。③市场信息，即技术在整个市场中的竞争力、需求量、需求群体，同类技术的市场定价和供给量等信息。对于受让方而言，其主要占有的信息包括该方应用受让技术的能力和条件、资金、领域等。① 从上述信息的分布不难看出，技术交易具有典型的信息非对称性。那么，信息非对称性会对交易产生何种影响？

二、非对称信息下经济人的行为策略选择

"经济人"是古典经济学针对市场主体提出的重要假设，该假设包含如下内容：①人是有理性的。每个人是自己利益的最好判断者，在各项利益的比较中选择自我的最大利益。"他只想以最小的牺牲来满足自己的最大需要"；②利己是人的本性，人们在从事经济活动中，追求的是个人利益，通

---

① 张铣：《技术转让中信息披露存在的问题及其应对》，《知识产权》2015年第7期。

常没有促进社会利益的动机；③个人利益的最大化，只有在与他人利益的协调中才能实现。交换是经济人的本性驱使下自然而然地发生的。人类的交换倾向是利己本性的外在形式和作用方式，"理性语言那诸种能力的必然结果"。①

尽管该假设的提出距今已经有两百多年的历史，诸如行为经济学等新兴的经济学分支亦对经济人假设提出了诸多指摘和批判，但不可否认的是，该假设在今天的经济学研究中仍然扮演重要角色，并且能够对市场主体的绝大多数交易策略和行为选择做出恰当的解释。那么，依该假设，在具有非对称信息特征的技术交易背景下，作为经济人的交易双方会作出何种行为策略选择？

从总体而言，在技术交易中，拥有更多信息的理性信息优势方会在利己本性的驱动下，利用手中掌握的优势信息实现自身利益的最大化。就具体层面而言，围绕信息不对称这一点，信息优势方的策略选择有以下三种：②

第一，信息优势方不进行信息披露。这些信息包括：在技术秘密转让前已将其授权给了第三人，③ 专利出让人并非唯一的专利权人，④ 专利转让磋商中专利局已受理第三人撤销专利的申请，⑤ 技术的实施依赖于出让方的隐性知识，⑥ 明知受让方依转让技术生产出的产品无法在该方主要市场进行销售，⑦ 技术存在的负面效应等。曾对我国企业产生重大影响的 DVD 专利收费事件中，境外企业虽然向我国 DVD 厂商完整转让了制造 DVD 核心部件的技

---

① 薛求知、黄佩燕等：《行为经济学——理论与应用》，复旦大学出版社，2003年，第3页。
② 张铣：《技术转让中信息披露存在的问题及其应对》，《知识产权》2015年第7期。
③ 参见《威海震宇智能科技股份有限公司诉烟台凯恩希新能源科技有限公司等技术转让合同纠纷案二审判决书》，山东省高级人民法院〔2014〕鲁高终字第377号。
④ 参见《浙江乐吉化工股份有限公司诉杭州市植保土肥总站发明专利实施许可合同纠纷案二审判决书》，浙江省高级人民法院〔2011〕浙知终字第113号。该案中法院认为被许可方有义务查明许可方是否为唯一专利人。
⑤ 参见《北京市紫微星实业总公司诉沈阳市三众新型建材机械研究院等技术转让合同纠纷案二审判决书》，北京市第二中级人民法院〔2003〕二中民初字第05996号。该案中法院认为技术转让合同签订前专利局未作出撤销专利的裁决，故出让方不需告知此信息。
⑥ 徐进、李作学、王前：《企业技术转移中隐性知识转化的制约因素与消解对策》，《社会科学辑刊》2008年第2期。
⑦ 《北京京鸿达超硬材料制品有限公司诉杨金忠等技术转让合同纠纷案判决书》，北京市石景山区人民法院〔2013〕石民初字第816号。该案中依转让技术生产出的洗衣粉含磷，而受让方的主要市场——北京禁止销售含磷的洗衣粉。法院认为受让方对此存有过错。

术，但却未告知这些部件大多是专门为制造其享有专利的 DVD 装置而设计的，除此之外没有别的实质性用途，导致我国 DVD 厂商只能向其再次支付 DVD 装置的专利实施许可费用。①

第二，信息优势方信息披露不充分。信息披露不充分主要体现在：①信息优势方仅披露部分信息，如仅披露技术资料，但未披露依该技术无法进行批量生产的信息。② ②信息披露在表达上有歧义。如在一起涉及"农丰壮"生产技术转让的案件中，案件材料表明"农丰壮"生产技术应当包括"蔗用型"和"普通型"，但技术转让合同却只使用了"农丰壮生产技术"的字眼。③ ③故意模糊披露相关信息。如科技中介租用著名大学的场地作为办公室，其虽与后者无其他关系但在宣传资料上却对此进行模糊处理，使客户误以为科技中介与该大学关系密切，有能力提供高质量的中介服务。

第三，信息优势方披露的是虚假信息。如未获得专利权但谎称已获得该权利；伪造所转让的技术具有先进性和创业可行性的材料，但该技术可能是已在社会中被普遍使用，或是正处在试验阶段，或是已经被淘汰甚至是虚构出来的；对外宣称其技术是与某著名高校或科研机构联合研发，但实际上后者仅从事了该技术无关紧要部分或极少一部分研发工作。

信息优势方上述三种信息披露策略选择的诸多实例可谓充分印证了经济人假设推导出来的结论。作为经济人的信息优势方通过合同缔结前的这些行为，不但使自己获取了大量不正当利益，也对交易本身造成了严重的负面影响，并很可能导致交易的低效率甚至无效率。需要进一步指出的是，即便是在合同缔结前信息优势方没有实施上述行为，信息不对称也会对整个技术交易市场产生其他负面影响；在合同缔结后，信息不对称的负面影响仍可能继续影响技术交易本身乃至整个市场。对于上述观点，我们可以用逆向选择和道德风险来进行阐释。

---

① 刘远山、余秀宝：《专利实施许可制度存在的问题及对策探究——以专利实施许可合同制度的完善为主视域》，《重庆理工大学学报（社会科学版）》2012 年第 3 期。
② 参见《陈剑军诉楼纯高技术转让合同纠纷案判决书》，浙江省湖州市中级人民法院〔2010〕浙湖知初字第 145 号。该案中法院认为双方的合同目的是进行实用新型专利权的交易，而非将该专利用于批量生产，故出让方无须告知此信息。
③ 参见《广西化工研究院与南宁市新华石材厂、钟骏芳技术转让合同纠纷案二审判决书》，广西壮族自治区高级人民法院〔2003〕桂民三终字第 2 号。

三、非对称信息下的逆向选择和道德风险

逆向选择和道德风险是信息经济学中的两个术语,它们被用于指称在不对称信息的前提下,市场可能出现的两种情形。要准确把握这二者的含义,我们需要首先理解信息经济学为何物。①

信息经济学是在批评古典主义和新古典主义经济学的重要假设——完全信息的基础上发展起来的。依据完全信息假设,交易标的的价格能够充分反映资源稀缺的程度、资源属性等全部信息,因此交易主体只需要了解交易标的的价格信息就能够作出正确的交易决策,而不需要去了解其他信息。正是因为交易的全部信息都集中反映在价格上,并引导供求关系实现均衡,故主体只能被动接受而无法改变交易价格。② 在这种假设下,市场上的出让方不需要知道上游供货商的数量、不同供货商的同种货物存在何种差异,而只需要知道供货价。同样,出让方也不需要知道受让方的偏好,他只需要了解交易标的的市场价格,并按该价格出售就能顺利完成交易。因为价格本身反映了包括偏好、货物的稀缺程度、供需关系等一切信息,只要是依该价格进行交易,那么交易本身就是有效率的。

信息经济学对完全信息假设进行了全面批判和否定:①价格在绝大多数情况下无法传递全部信息;②信息在传递和处理的过程中很容易产生错误;③不论是价格信息还是别的交易信息的搜集和处理都需要耗费成本。③ 正是因为上述原因,所以市场主体在进行交易时都是建立在不完全信息的基础上的。进一步而言,交易双方由于受到交易地位、个体能力、经验等因素的影响,各自掌握的交易信息的数量和质量通常存在着较大差异。在此基础上,信息经济学提出了信息不对称的概念。这种信息不对称发生于私有信息领域,它是指订立契约时或契约执行过程中有些信息是一方知道而另一方并不清楚的,或者称为有些信息是被拥有它们的个人所观察到的,但对于其他人

---

① 下文关于逆向选择和道德风险的阐述,参见张铣《先合同信息披露法律制度研究》,法律出版社2015年版第21-25页。
② 陈钊:《信息与激励经济学》,浙江人民出版社,2010年,第11-12页。
③ 约瑟夫·斯蒂格利茨:《信息经济学:基本原理》(上),纪沫、陈工文、李飞跃译,中国金融出版社2009年版,第5页。

而言则是不可观察的。与私有信息相对的概念是公共信息,也就是人人都能观察或能够掌握的信息。在公共信息的范围内不可能发生信息不对称。① 由于不对称信息的存在,在交易中会产生两大问题:逆向选择和道德风险。

(一) 逆向选择

阿克洛夫用旧车市场模型对逆向选择的发生进行了充分解释。在旧车市场上,逆向选择源自于买卖双方在旧车质量信息占有上的不对称。出让方作为车辆的拥有者,非常清楚地知道其出售的旧车的质量,并能够根据自己的旧车质量设定价格底线。受让方则难以获知某一个具体出让方旧车的质量信息,他仅能获知整个旧车市场上的所有旧车的平均质量。在占有这种信息的基础上,受让方只能根据所有旧车的平均质量对应的价格设定自己的价格底线。在这种情况下,所有旧车质量水平高于平均质量水平的出让方会因为受让方的价格底线低于己方的价格底线而拒绝交易,并退出市场。那些旧车质量水平低于平均质量水平的出让方会进入市场。在一进一出之间,旧车市场上旧车的平均质量必然下降。此时,市场上的受让方会根据下降后的平均质量调低自己的价格底线,这就进一步导致价格底线高于新的受让方价格底线的出让方继续退出市场,如此循环下去。在均衡②的情况下,只有低质量的车成交;在极端情况下,市场可能根本不存在,交易的"帕累托改进"③ 不能实现,④ 发生"柠檬市场效应"⑤。

以旧车市场中的旧车质量信息为例,阿克洛夫清晰地解释了在信息不对称的情况下市场上必然出现的逆向选择现象。需要进一步明确的是,除了在二手交易市场会出现逆向选择,一手交易市场同样也会出现相似的问题。以新车交易为例,作为一种复杂的交易标的物,普通消费者难以了解车辆是否

---

① 陈钊:《信息与激励经济学》,浙江人民出版社,2010 年,第 20 页。
② 市场交易中,当买者愿意购买的数量正好等于卖者所愿意出售的数量时称之为市场均衡。
③ 所谓"帕累托改进",就是一项政策能够至少有利于一个人,而不会对任何其他人造成损害。"帕累托最优"就是上述一切帕累托改进的机会都用尽了,再要对任何一个人有所改善,不得不损害另外一些人,达到这样的状态就是帕累托最优。
④ 张维迎:《博弈论与信息经济学》,浙江人民出版社,2004 年,第 323 页。
⑤ "柠檬"在美国俚语中表示次品。柠檬市场效应则是指在信息不对称的情况下,好的商品往往遭到淘汰,而劣等品会逐渐占领市场并取代好的商品,导致市场中都是劣等品。

耐用,是否存在安全隐患等信息。如果这些信息不能恰当地传递给消费者,那么消费者只按所有新车的平均价格进行交易,那么那些车辆耐用、没有安全隐患且价格高于平均价格的汽车生产商要么选择退出市场,要么更换廉价材料从而降低销售价格。此时由于市场平均价格降低而导致消费者进一步降低价格底线,如此循环,同样出现了柠檬市场效应。除了在有形商品交易市场会出现逆向选择,以技术交易为代表的无形商品交易则更容易出现这个情形。因为在技术交易市场上,技术的属性、应用条件等更多因素会对交易目的的实现产生影响,技术的复杂性等因素则会使得受让方更加难以准确了解相关信息,交易双方间的信息不对称状况将更为突出。市场上的潜在受让方在上述因素的作用下,往往难以准确判断拟交易技术的准确价格,而只能根据相同或相似技术的市场平均价格设定价格底线,这就容易导致那些更优质的技术无法以恰当的交易价格顺利出售。市场上的优质技术将越来越少,技术市场出现逆向选择,剩下的都只会是"柠檬"。

(二)道德风险

如果说逆向选择是交易之前(合同缔结前)因信息不对称而产生的问题,那么道德风险则是在交易之后(合同缔结后)因信息不对称而产生的另外一个问题。它是指一个没有受到完全监督的人从事不忠诚或不合意行为的倾向,[①]或者可以更精确地说,在合同缔结后,如果一方不承担不利的风险后果,那么该方就会倾向于实施能够使己方利益最大化的行为,哪怕此种行为会损害到相对方的利益也在所不问。信息经济学是在研究保险市场时提出这个概念的,我们可以财产险为例解释道德风险。在财产保险合同签订后,被保险人会因为购买了保险,无须承担财产被损坏或灭失的风险,因此不会对被保险的财产采取与购买保险以前同样的保护措施,其主观上也不会如以前那般小心谨慎。财产损失的概率因此而大幅度提升并很可能造成保险公司的重大损失。

道德风险除了给风险承担方带来损失,还会引发逆向选择。在上例中,

---

① 曼昆:《经济学原理》(下),梁小民译,机械工业出版社,2005年,第78页。

保险公司为了弥补损失，必然会上调保险产品的价格。此种情况下，未改变保护措施且同样小心谨慎的被保险人就会拒绝购买保险，市场上便仅会剩下那些粗心大意或改变保护措施的被保险人，而保险公司只能进一步提高保险价格……如此往复，保险市场会发生萎缩。

技术交易是道德风险的高发区。于技术出让方，发生道德风险的可能性较受让方更高。由于技术的复杂性，在技术转让以后受让方在应用技术的过程中遇到应用障碍是技术交易领域常有的问题，此时往往更需要了解技术本身的出让方的指导和帮助。而技术出让方已经通过交易获得了足够对价，如果交易合同未约定出让方须承担指导和帮助的义务，那么出让方很可能不会提供，或者仅提供低质量的指导和帮助。于技术受让方，其出现的道德风险多发生于分期支付技术对价的交易中。这种交易是指：由于交易技术的价格往往较高，市场上相当一部分潜在受让方缺乏一次性支付全部对价的能力，双方为了促成交易，往往会签订分期支付技术对价的合同。这种合同在对价的支付方面通常会约定，受让方按照使用该技术进行产品生产和销售后获得的利润的一定比例份额向出让方支付对价。然而，受让方的产品生产和销售是其内部行为，出让方很难对其进行有效监督。此时，受让方往往会通过伪造销售数据、账本等方式，尽量少地向出让方支付技术对价，出让方却难以拿出确凿的证据证明对方存在违约行为，道德风险由此产生。

四、非对称信息下科技中介的行为分析

技术交易的信息非对称性特征不但影响着微观层面的交易双方和宏观层面的交易市场，而且也对科技中介自身产生着重要影响。除了技术交易以外，技术研发、成果转化等其他科技活动也同样存在着信息不对称，并且同样会对科技中介产生影响。事实上从某种程度上讲，正是由于信息不对称客观、广泛地存在于各种科技活动中，科技中介才获得了必要的生存空间。

（一）信息不对称为科技中介创造了行为空间

信息经济学在指出市场交易中的信息不对称问题及后果的同时，也充分探讨了依靠市场自身力量解决信息不对称问题的两个主要路径：一是信息发

送和信息甄别,二是声誉。

1. 信息发送和信息甄别①

信息发送是指信息优势方通过信息披露向劣势方传递后者所需要的信息,这是解决信息不对称问题最有效的办法。对于有形商品而言,除了成本方面,出让方向受让方全面传递有关商品的信息一般不会对前者产生不利影响,也不存在发送障碍。对于技术这样的无形商品则不然。首先,在信息发送成本上,由于与技术属性和参数有关的信息非常多,悉数发送信息的成本远高于有形商品,也常高于一般的无形商品。其次,受限于信息发送手段和途径,有些与技术属性和参数有关的信息难以被准确发送或根本无法发送。再次,信息优势方不愿发送与技术秘密或隐含技术有关的信息,因为这样的信息发送很可能使受让方在交易发生前就无偿获得了该技术。

正是科技活动中的信息发送存在上述障碍为科技中介获得了行为空间。科技中介经常性从事或参与技术研发、转化、交易等活动,熟知哪些信息对于潜在的受让方具有重要性,并从中筛选出应当发送的信息,有效控制了信息发送的成本。在信息发送手段和途径上,较之于科技活动的关联主体,科技中介也具有渠道和手段等方面的优势。而对于技术秘密和隐含技术,科技中介能够为出让方应传递哪些信息,如何传递信息提供必要的建议,从而打消出让方的顾虑。

信息甄别则是指信息劣势方通过一定的手段获知那些被优势方故意隐瞒的信息。相比于信息发送,信息甄别的难度更大,科技活动的关联主体往往不具有甄别的能力,科技中介则依托其拥有的社会网络资源、信息池、专业经验和技能使有效的信息甄别成为可能。

2. 声誉

声誉是解决信息不对称问题的又一重要市场手段。尽管信息不对称在科技活动中广泛存在,但只要科技活动的参与者本身拥有较高的声誉,那么即便在缺乏有效的信息发送和甄别的情况下,参与者基于对彼此声誉的信赖,也能跨越信息不对称的障碍,使科技活动顺利开展起来。然而,要建立起足

---

① 参见张维迎:《博弈论与信息经济学》,浙江人民出版社,2004年版,第339－351页。

够的声誉并非易事。声誉机制正常运行需要的条件包括：①声誉的建立需要长期的积累。虽然那些入行已久的大型关联主体已经通过长期参与科技活动，具有了足够的声誉，但是大量新入行的关联主体往往难以满足这个条件。②声誉的建立需要投入大量的成本进行宣传。大部分中小型关联主体均无法承担这方面成本的支出。③声誉的传递需要良好的市场环境，否则将淹没在海量的虚假声誉信息中。

科技中介的存在能够充分满足声誉机制正常运行所需的条件：首先，科技中介在长期参与科技活动中建立起了足够的声誉，可以通过联营、背书等方式与关联主体合作，弥补后者声誉的不足。其次，科技中介既可以通过发挥融资功能为关联主体提供建立声誉所需的资金，也可以通过发挥自身的渠道、社会网络优势，为关联主体宣传其声誉提供直接支持。最后，科技中介作为各种科技活动的枢纽和桥梁，在声誉的传递上亦可协助创造良好的市场环境，剔除虚假的声誉信息。

（二）信息不对称下科技中介的行为选择倾向

信息不对称除了为科技中介提供了行为的空间，也深刻地影响其行为的选择倾向。造成此种影响的原因在于，科技中介作为解决科技活动信息不对称问题的重要主体，其深度介入到科技活动中以后，所搜集、获取的大量信息使之相对于各关联主体形成了信息优势，各关联主体则处于信息弱势，由此形成新的信息不对称——科技中介与关联主体之间的信息不对称。同样是"经济人"的科技中介出于追求自身利益最大化的牟利动机，会利用新的信息不对称，获取大量利益，甚至是大量的不正当利益。此外，科技中介作为科技活动的桥梁和枢纽，与各关联主体存在着千丝万缕的关联关系。这些关联关系的存在进一步为科技中介利用信息优势攫取不当利益提供了动力和激励。我们可以根据科技中介介入科技活动的不同类型和提供服务的对象的不同为标准，对此进行详细阐述。

在科技中介单独为某一关联主体提供单向服务时，可能为了获得服务佣金或者为了与之存在关联关系的主体而滥用信息优势，提供不合格的服务。例如，主管科技活动的政府部门在制定相关规划、政策时需要购买科技中介的信息搜集、咨询建议等服务。科技中介如果受到其与某些关联主体之间关联关系的影响，就无法为相关行政部门提供客观、中立的服务，这就可能导致政府的规划、政策偏向于与科技中介具有关联关系的关联主体，造成严重的负面影响。又如，在研究阶段和成果转化阶段，科技中介为了以低成本获得服务佣金，滥用自己的信息优势地位，使用过时的或未经核实的信息，提供错误的咨询建议或者虚假的评估结论，此时处于信息劣势地位的关联主体很可能因无法识别出其中的不当之处而对建议和结论予以采纳，并最终遭到重大损失，如对于某些不具有市场潜力的技术给予正面评价，诱使银行、风投、基金等金融机构作出错误的投资决策。

在技术交易中，科技中介提供的是双向服务。当其服务的对象是交易的双方时（如居间等），那么科技中介为了获取交易佣金，很可能有意无意地忽略其在扮演桥梁角色过程中获取的会影响双方或一方缔约决策重要的信息，以促使交易的发生。当科技中介服务的对象是交易的一方时，科技中介为了促成交易获取佣金，或者为了获取佣金以外的其他利益，完全可能出现协助该方掩盖、隐瞒、伪造信息等行为。此时，处于信息劣势地位的相对方在交易合同缔结和履行以前，可能根本无法意识到科技中介实施了这些行为，甚至可能因为科技中介对对方的协助而未能发现原本可以发现的重要信息，例如关于技术负面效应信息、专利权快到期的信息、一方不良的声誉信息等。

综上所述，信息不对称是科技中介服务所固有的特征。它既为科技中介提供了开展业务的机会，同时也成为科技中介运营失范的重要诱因。如何正确应对和解决信息不对称问题，应成为规范科技中介经营行为的主要考虑对象。

第二章

广州科技中介的发展现状与问题梳理

我国科技中介起步于改革开放之初,发展至今已40年。在这40年间,伴随着我国科技事业的快速发展,科技中介亦呈现出快速发展的局面。特别是进入21世纪以后,科技中介的发展得到了我国从中央到地方各级政府的重视,其发展速度得到进一步提升。然而,科技中介在快速发展的过程中也暴露出了不少问题。其中,除了少数问题系单独存在于某些地区以外,大多数问题均是各地普遍存在的,属于共性问题。对此,我们专门选取了科技中介发展在全国处于领先地位的广州作为捕捉问题的重点考察对象。作出此选择的原因在于,广州科技中介发展中曾经遇到和正在面临的问题非常有可能是我国其他地区正在面对和将要面对的问题,具有充分的代表性和典型性。在下文中,我们还将考察、评价广州科技中介解决这些问题的对策和措施,由此形成"问题—对策"完整结构,为我国其他地区的科技中介提供问题解决的经验。

第一节 我国科技中介的发展概况

(一)我国科技中介的发展历程

自1978年改革开放以来,一些具有较强市场意识的科研人员便开始下海创立以科技咨询为主营业务的科技中介。这些科技中介多设立在北京以及东南沿海等科研环境较好、科技人才储备较为充足、市场经济相对自由的地区。随着1985年《关于科学技术体制改革的决定》的发布和1987年《中华人民共和国技术合同法》的颁行，我国科学技术的商品化、市场化进程开始加速。各地的科技风险投资公司、孵化器、科技工业园、高新技术开发区开始涌现，不少高等院校和科研院所开始设立技术服务和咨询机构。这些科技中介虽然主要是由财政拨款设立，但民营资本已经进入这个领域，开始尝试与政府合作共同设立科技中介。科技中介的运营资金来源形式出现多样化萌芽。20世纪90年代以后，由于大力发展高科技产业和服务业被中央政府作为重要发展目标之一，科技中介亦得到了各级政府的重视，各地纷纷开始设立以生产力促进中心为代表的综合型科技中介。民营资本开始大规模进入这个领域中，大量企业型而非事业单位型科技中介开始出现。进入21世纪以来，随着科技兴国战略的确立，科技发展已成为拉动我国经济增长的主要动力，如何促进科技中介的发展成为政府工作的重要内容。科技部在2002年颁布《关于大力发展科技中介机构的意见》后，将2003年定位为"科技中介建设年"，并在当年要求各地将该意见中针对科技中介发展设定的目标、原则和措施落到实处，加强对科技中介的扶持和监管。科技中介开始往结构体系化、服务内容全面化方向发展。

（二）我国科技中介的发展现状

根据科技部发布的《中国火炬统计年鉴2018》显示，截至2017年底，我国科技中介的建设和发展总体而言已经取得了令人较为满意的成绩。下文以该年鉴的内容为依据，分别阐述各类主要科技中介目前的发展状况。

1. 众创空间

截至2017年底，全国共有5739个众创空间，总收入152.9亿元，服务人员数量35 554人，创业导师人数58 179人，当年服务的创业团队数量120 600个。

2. 生产力促进中心

截至2017年底，全国共有1799个生产力促进中心，总资产241.2亿元，服务企业总数为21.6万家，年总收入51亿元，从业人员23 731人，拥有大学本科以上学历的占从业人员总数的68.6%。

3. 科技企业孵化器

截至2017年底，全国共有4063家科技企业孵化器，孵化面积约1196.7万平方米，从业人员259.6万人，在孵企业177 542家，在孵企业总收入达到6335.7亿元，累计毕业企业110 701家。

4. 大学科技园

截至2017年底，全国共有115家大学科技园，场地面积793.8万平方米，研发用房116.1万平方米、生产用房111.6万平方米，孵化基金总额22.4亿元，从业人员2787人，在孵企业10 448家，在孵企业总收入340亿元，累计毕业企业9866家。

5. 国家技术转移示范机构

截至2017年底，全国共有453家国家技术转移示范机构，282家示范机构具有独立法人资格，从业人员40 665人，拥有大学本科以上学历的占82.3%，具有中级以上职称的占56%。2017年，共促成技术转移项目117 176项，成交金额1779.29亿元。

第二节　广州科技中介的发展状况梳理

（一）广州科技中介的发展历程

广州作为华南地区的经济中心和改革开放的桥头堡，科技中介的发展与全国基本同步。在20世纪70年代末，一些从事科技情报工作的事业单位型科技机构就已经开始向社会提供信息检索和科技咨询服务。80年代中前期，向社会提供服务的事业单位型科技中介逐渐增多，民营科技中介亦开始出现。在服务内容上，除了信息检索和科技咨询，还扩展到市场调查研究、翻译、终端产品展销等。1990年以后，随着广州天河高新技术开发区的建立，孵化器、技术交易市场、技术交易中心、科技评估机构、技术转移机构等科技中介纷纷涌现，服务内容也从科技服务的表层往深入方向拓展，包括技术成果转化、技术应用指导等具有高技术含量的服务开始被纳入科技中介的经营范围。进入21世纪以后，随着广州科技体制改革的不断推进，不少事业单位型科技中介逐渐向企业型科技中介转制，民营资本开始大举进入科技中介领域，广州科技中介的数量连年攀升、类型不断丰富、服务范围日趋广泛，一些科技中介还深度参与到科研创新、市场监管等工作中来。广州科技中介由此进入了快速发展和逐步完善阶段。

（二）广州科技中介发展的当前状况

1. 广州科技中介的总体状况概览

截至2017年底，广州市共有县级及以上国有研究与开发机构、科技情报和文献机构154个；全市在穗院士50人，其中中国科学院院士19人，中国工程院院士22人，国外、境外机构获评院士9人；拥有国家工程技术研究中心18家，国家级企业技术中心25家，国家重点实验室19家；省级工程技术研究中心共946家，市级企业研发机构2624家；省级重点实验室213家，市级重点实验室156家；国家级、省级大学科技园6个。[①] 三星通信研究院、卡尔蔡司研究院等全球知名的研发机构和英国天祥、瑞士通标等20多家国际检测认证机构纷纷落户广州。[②]

根据广州市统计局2018年发布的广州市统计年鉴显示：截至2017年底，广州市科学研究和技术服务业法人单位数量为23 369个。其中，规模以上企业数量为907个，企业资产总计14.3亿元，营业收入总计822.2亿元，比上一年度增长16%。在规模以上企业中，研究和试验发展企业数量为184个，资产总计3.7亿元，营业收入总计154.7亿元；专业技术服务企业为619个，资产总计8.5亿元，营业收入总计608.8亿元；科技推广和应用服务业为104个，资产总计2.2亿元，营业收入总计58.8亿元。全行业从业人员数量为194 506人，占全部就业人口的2.26%。[③]

---

① 广州市统计局、国家统计局广州调查队：《2017年广州市国民经济和社会发展统计公报》，网址：http：//www.gdstats.gov.cn/tjzl/tjgb/201803/t20180302_381919.html，最后访问日期：2019年2月26日。
② 杞人、海潮：《广州建设国际科技创新枢纽底气足》，《科技日报》2016年2月3日第007版。
③ 广州市统计局：《2018统计年鉴》，网址：http：//210.72.4.58/portal/queryInfo/statisticsYearbook/index，最后访问日期：2019年2月26日。

2. 广州科技中介发展的具体状况

经过多年的快速发展，广州科技中介目前形成了以技术转移机构、孵化器、众创空间、科技成果交易中心、科技园为基本支撑点的体系结构。在高新技术企业培育方面，更形成了"众创空间—孵化器—加速器—科技园"全链条孵化体系。

广州市的众创空间呈现良好的发展势头，截至 2018 年底，共有众创空间 206 家，其中国家级备案 53 家，省级众创空间试点单位 37 家。① 按照服务类型，广州众创空间大致可分为四类：一是开放共享型众创空间，主要以提供共享办公空间，增加不同的团队碰撞创意的机会，如天河区"孵客创业公社"等；二是投融资服务型，主要是突出其金融资本运作优势，提供天使投资、股权投资、融资担保等投融资的信息与服务，如天河区"1918 青年创业社区"、越秀区"未名咖啡"等；三是创客培养型，主要是以企业家和专家为依托的导师培养模式，倡导创业者帮助创业者，实现经验分享和资源共享功能，如天河区"华南黑马会"、黄埔区"凯得创梦空间"；四是专业技术领域型，主要围绕一个大产业提供专业服务，通过扶持上下游项目而建立产业链生态圈，如黄埔区"达安创谷"主打生物制药、越秀区"广东文投创工厂"专注文化项目等。②

在孵化器发展方面，截至 2018 年底，广州市共有科技企业孵化器 335 家，其中国家级孵化器 26 家，国家级孵化器培育单位 41 家。③ 除了数量上的增长，孵化器在质量上也获得了巨大提升。2017 年第六届中国创新创业大赛广州赛区 12 家冠军企业中，10 家来自孵化器。在 IAB、NEM 领域涌现了达安医疗健康、冠昊生命与健康、华南新材料等一批专业孵化器。达安医疗健康产业专业孵化器以其独特的三链融合（企业链、创新链、资金链）模式，整合并开放内部资源平台，聚集生物医药企业逾 200 家，其中高新技术企业超过 20 家，新三板挂牌企业 9 家，创业板上市企业 1 家，进入 IPO 企业

---

① 南方网：《去年穗新增孵化器和众创空间100多家，约占全省一半》，网址：http://gz.southcn.com/content/2019-01/23/content_184928124.htm，最后访问日期：2019 年 2 月 26 日。
② 皮泽红：《2016 年是广州市众创空间大发展的一年》，网址：http://www.chinadevelopment.com.cn/news/zj/2017/08/1170029.shtml，最后访问日期：2019 年 2 月 26 日。
③ 李秀政：《目前广州市科技企业孵化器达 335 家》，《番禺日报》2019 年 2 月 14 日 A5 版。

10家。①

在科技园方面，以广州民营科技园为突出代表的科技园正在发挥日益重要的作用。目前，该园通过打造"创新创业苗圃—创新创业孵化—创新创业成长—创新成果转化—创新成果产业化"于一体的全链条创新载体，得到了快速的发展。截至2018年，园区共有高新技术企业60家，博士后工作站5个，广东省院士工作站3个，省、市级企业技术中心（工程研究中心）48个。园区企业累计获得专利授权2226项，其中发明专利323项；参与国家标准、行业标准、地方标准等标准制定达135项；此外，该园区企业现有国家驰名商标9个、省市著名商标58个、省名牌产品24个。②

（三）广州科技中介发展的特点

1. 数量多且渐成体系

根据前文的统计数据，截至2017年底，广州市科学研究和技术服务业法人单位数量为23 369个，规模以上企业数量达到了907个。就各类科技中介的具体情况而言，截至2017年，广州市已拥有19家国家重点实验室、213家省重点实验室；将近700个国家、省、市级工程中心，100多家检验检测服务机构；科技企业孵化器335家，其中国家级孵化器26家，国家级孵化器培育单位41家；众创空间206家，其中国家级备案53家，省级众创空间试点单位37家；技术转移机构方面，形成了以广州知识产权交易中心、广州交易所集团、汇桔网等十余家技术转移示范机构为代表，国有控股、民营资本共同参与的多种所有制、多层级技术（知识）产权交易体系。从以上数据可以看出，在国内同级别城市中，广州的科技中介在数量上是名列前茅的。

值得进一步指出的是，除了数量上亮眼以外，广州还借助科技园的建设，结合产业优势领域和新兴产业业态，依托集群效果明显、资源整合有效和具有发展潜力的产业集群，着力扶持产业区（园）内各类科技服务机构相

---

① 广州市科技创新委员会：《广州市科技创新委员会2017年工作总结和2018年工作安排》，网址：http://www.gz.gov.cn/GZ05/8.3/201804/e6881018dca443019a758b753bf4bd83.shtml，最后访问日期：2019年2月26日。

② 张鹏：《广州民营科技园公共服务设施建设现状和发展规划调查报告》，《现代商业》2018年第17期。

对集中、服务效果明显的科技服务产业集群,以及以产学研用紧密结合的方式构建的科技创新及产业联盟,① 由此形成体系完整的区域创新辅助系统。如广州民营科技园就通过集成工程研究中心、孵化器、技术转移机构、众创空间、检验检测服务平台等科技中介,建立"创新成果产业化前阶段的公共服务平台""创新成果产业化进入市场阶段的市场服务平台""创新成果的对外展示平台"为园内的科技创新主体提供从产品基础研究、成果转化到成果交易全流程服务。②

2. 通过科技信息共享和服务平台强化科技中介联系

除了在空间上将众多科技中介集中于同一区域,形成空间上的紧密联系以外,广州还充分发挥自身在互联网硬件建设方面的优势,加速建立科技信息共享和服务平台,由此打破各园区、各科技中介之间的物理空间间隔,使创新主体、科技中介间的联系更加紧密。以广州市重点打造的广州科技资源公共服务平台(广州科技创新资源共享服务平台)为例,该平台是由广州市科技创新委员会重点支持、广州生产力促进中心牵头组织建设和运营的,面向企业、研究院所、科技工作者,并为他们提供研发信息及科技服务的公共平台。该平台聚集了国内外、广州各相关政府部门、研究院所、公共图书馆、企业和科技中介机构的科技信息资源以及科技服务资源,通过"一站式"窗口向社会公众提供资源导航、检索、交流与最终技术解决方案,为广州的科技创新和产业发展营造良好的环境支撑。

3. 服务范围日趋扩大

广州市科技服务机构不断创新服务内容和模式,目前基本形成了涵盖创新全链条的科技服务产业链,服务领域涉及研究开发、技术转移、检验检测认证、创业孵化、知识产权、科技咨询、科技金融、科学技术普及等。③ 在服务对象方面已经涵盖了计算机软硬件、生物医药、材料、化工、机械制

---

① 杞人、叶茂:《"广州服务"科技抢眼——广州市科技服务业创新发展述略》,《科技日报》2012年1月13日第012版。
② 马喜生、黄伟:《广州民营科技园:发挥重大创新平台示范作用》,《南方日报》2016年2月16日第6版。
③ 宋子夷、刘启强:《为科技服务业搭建"纵贯线"——广州科技服务业协会秘书长李伟访谈》,《广东科技》2015年第13期。

造、农业种植养殖等领域,虽然暂时还未能做到全领域覆盖,但已经辐射到了广州科技创新主体所属的主要行业和领域。

第三节 广州科技中介发展中存在的问题

从上文罗列的数据看,广州科技中介的发展应当说是非常成功的。那么在统计数据和媒体报道的背后是否存在一些不能通过数据和新闻反映出来的问题?要想促进广州科技中介进一步快速健康的发展,发现隐藏在数据和新闻背后的问题至关重要。带着这些问题,在2017年5月至8月期间,笔者带领课题组成员通过电话访谈、发放问卷、实地走访等形式,对广州部分科技中介进行了实证调研,这些科技中介包括生产力促进中心、孵化器、专利代理机构、技术交易平台、科技园等。[①] 除此以外,课题组还对科信局、法院、知识产权公司和以开展知识产权业务为主的律师进行了调研,现对调研过程中搜集汇总的问题进行如下总结。

(一)经营失范现象频发,诚信问题较为突出

在课题组对科信局、法院、各类科技中介的调研中,科技中介经营失范问题是被调研对象反映最多的,也最为集中。这个问题并不仅存在于一两家科技中介,而是普遍存在于行业内,只不过不同的科技中介由于经营范围不同,因此经营失范的具体行为存在差异。以下将诚信问题较为突出的孵化器、专利代理机构、为技术交易服务的机构、技术转化机构这四类科技中介出现的经营失范问题进行逐一梳理。

1. 孵化器

近几年来,广州的孵化器的数量可谓连年攀升,发展迅猛。其发展的动因主要有两个:一是广州推行的商事登记制度改革。2014年1月1日广州在进行前期试点的基础上开始实行商事登记制度改革,工商行政管理部门在企

[①] 由于调研主要针对的是广州科技中介发展存在的问题,因此不少科技中介均要求课题组对其做匿名处理,故此处不对本课题组调研的科技中介进行罗列。

业工商登记方面允许"一址多照、一照多址"①。新商事登记制度的推出可谓极大促进了孵化器的发展。因为根据以前的规定,一个地址只允许注册一家企业,而多数孵化器仅有一个或少数地址,此时就只能容纳很少数量的科技企业入驻孵化器。新商事登记制度实行以后,孵化器可以在原有的建筑物中通过隔断、拆分等方式,区隔出若干独立的物理空间,分别提供给科技企业作为工商登记地址,这就极大增加了孵化器接收科技企业的数量。二是从中央到广东再到广州对孵化器的积极扶持政策。近年来,我国各级政府按照国家科技创新战略,根据孵化器发展水平的不同,在对孵化器等级(国家级、省级、市级、区级)进行认定的基础上会给予不同数量的扶持资金和专项奖励。在上述两个因素的刺激下,广州市的孵化器出现快速发展的局面。大量的空置厂房、写字楼成为孵化器的场地。各种名目的孵化器如雨后春笋般出现。为了能够通过相关的孵化器等级认定,进而获得各级政府的扶持资金和专项奖励,不少孵化器没有把自己的工作重心放在如何帮扶科技企业上,而是专注于如何撰写能让行政机关满意的申报材料,以通过政府的孵化器级别认定和绩效考核。在此方面滋生了如下经营失范行为:第一,有些孵化器利用"一址多照、一照多址"的规定,虚构入孵企业办公场地面积,以满足孵化器级别认定中在孵企业使用场地面积的指标要求。例如,在空置的办公室中放置办公桌椅、设备,门口挂牌匾等。第二,部分孵化器将那些已经快要达到毕业标准的企业拉进孵化器中进行孵化,以满足孵化器级别认定中毕业企业占在孵企业比例的年度要求。如将年营业收入接近毕业企业要求的企业拉进孵化器中,以获得政府扶持和奖励后进行利益分成。第三,有些孵化器将那些根本不具备入孵条件的企业拉进孵化器,使其能够享受低房租等优惠条件。例如让不具备入孵条件的企业低价购买那些根本没有商业价值的知识产权,以此满足入孵企业须拥有自主知识产权的技术前置要求。第四,有些孵化器为了达到相关文件关于孵化器服务人员方面的要求,将根本不属于该孵化器的人员作为其工作人员填入其申报材料中,将孵化器内非专门提供孵

---

① "一址多照"是指同一地址可以作为二个及以上企业的住所登记注册,即针对同一个地址可以核发多个营业执照。"一照多址"是指对无需前置审批并符合条件的企业,住所和经营场所在广州市范围内的,可以申请在企业营业执照上加载经营场所地址,免于分支机构登记。

化服务的人员作为专门提供孵化服务的工作人员。第五，为了获得政府对孵化器服务的补助，虚构项目路演、企业融资、人才培训等活动，编写虚假的活动照片、材料。例如将一次活动分解为几次活动，将前一年度的活动作为本年度的活动，几个孵化器共用同一个活动的材料。第六，编写虚假的科技企业财务会计报告，杜撰科技企业获得社会投资、销售产品等合同，形成非真实投资、交易的银行流水等。

2. 专利代理机构

专利代理机构的主营业务是为科技企业申请发明、外观、实用新型专利权、商标权等。广州目前专利代理机构在数量上位居全省第二，仅次于深圳。虽然此类机构的数量较多，但经营失范现象却较为突出，甚至可以说是科技中介行业诚信问题最为突出的科技中介类型。我们可以从专利代理机构本身和专利代理人两个层面对经营失范行为进行梳理。

专利代理机构的经营失范行为主要包括：第一，通过不正当竞争手段招揽业务，具体包括对自身的业务能力、资质等信息进行虚假宣传，对专利申请成功率进行虚假承诺，恶意贬损其他专利代理机构，无底线的价格战等。第二，在专利申请过程中实施违法和不正当行为，具体包括向专利审查人员行贿和施压，诱骗申请人对同一科技成果重复申请专利，唆使申请人克隆、抄袭他人已有的专利成果，伪造和编造虚假的证明材料等。第三，在专利代理机构资质申请和年度审查中弄虚作假，具体包括伪造合伙人供职材料、借用其他代理机构代理证等。

专利代理人的经营失范行为主要包括：第一，未能恰当履行代理人的忠实义务。如将获知的科技成果信息和商业秘密故意泄露给其他单位和个人，或者因为过失未能妥当保管而导致泄密。第二，未能恰当履行代理人的勤勉义务。在接受委托收取费用后，不愿意花足够的时间研读技术方案，撰写申请书时消极惰怠。第三，绕开代理机构私自接受委托收费。代理人如果经代理机构获得业务，需要在代理费中扣除管理费和税费。一些代理人为了多赚代理费，在本职工作之外私下接受申请人委托并收取相关费用。第四，违规出借代理资格证。根据《专利代理管理办法》的规定，必须有三名以上的专利代理人才能设立专利代理机构，而目前能够通过专利代理人资格考试的人数较少，这就使那些已经具有代理资格证的专利代理人成为行业内的香饽饽，将自己的代理资格证借给他人设立专利代理机构成为业内的常见现象。

除了上述两个方面以外，广州还有一些根本没有相应资质的"黑代理"。它们靠着坑蒙拐骗，低价收费等手段为专利申请人撰写专利申请书。这些"黑代理"的存在使得专利代理机构群体的诚信问题更为突出。

3. 服务于技术交易的科技中介

为技术交易提供评估、居间、经纪服务的科技中介同样存在着较为突出的经营失范问题。为了促成交易获得佣金，有些科技中介可以说是无所不用其极，但凡能够促成交易，手段是否正当，是否违法均在所不问。其典型的经营失范行为包括如下类型：

第一，在目标技术评估的过程中，或通过故意忽略专利有效期短、权利范围过窄等问题，或通过恶意编造乐观的市场营利前景等数据，或通过肆意夸大技术的适用范围和技术效果，对价值较低或几无价值的技术作出高价值评价结论。

第二，与技术出让方恶意串通。这一点主要表现为：其一，或通过隐瞒转让技术的应用障碍、技术瑕疵等重要信息，或通过仅向受让方披露转让技术的部分技术参数，或通过伪造技术参数，或通过对出让主体的资质、能力进行虚假宣传，恶意促成交易的发生。其二，将潜在受让方的心理价位等与交易有关的重要信息泄露给出让方，使最终成交价趋近于该价位，由此造成受让方的损失。

第三，与技术受让方恶意串通。这种行为主要发生在如下两种情形中：其一，受让方按应用技术后获得利润的一定比例向出让方支付技术对价的场合。这里的转让是广义的，包括技术所有权的转让和技术许可。科技中介通过协助受让方编造假的销售数据和材料，使真实的利润额远低于报给出让方的利润额，从而达到少支付技术对价的目的。其二，将出让方的心理价位等与交易有关的重要信息泄露给受让方，使受让方在磋商谈判中占据不正当的优势地位，并造成出让方的损失。

第四，有些科技中介自己从技术所有方手上低价购入没有多少市场应用价值和潜力的技术，然后进行技术包装，伪装成高应用价值的技术并高价转让给市场上的技术需求方。这些技术包括已过或将过专利期的技术，技术应用条件苛刻的技术、技术应用成本过高的技术、存在巨大负面影响的技术、需依赖第三方技术才能正常应用的技术等。有些科技中介甚至将公用技术包装后转让给受让方。

第五，一些科技中介在接受出让方的出让委托后，为了节约经营成本或尽快促成交易，未进行全面的市场调查就草率地向出让方出具市场研究报告和技术销售前景报告，致使出让方在此基础上对技术进行错误定价或制定错误的销售策略，从而导致出让方遭受损失。

第六，科技中介在接受受让方的购买委托后，未能尽职尽责地按照受让方的要求在市场上搜集目标技术，仅经过简单的市场调查便向受让方推荐技术，致使受让方获得的是自身不具备应用条件的技术，或获得的技术超出了需求范围并支付了不必要的费用，或无法解决技术的负面效应等。

除了上述从事居间、经纪、评估的科技中介，提供交易场所或平台的技术交易市场也属于为技术交易服务的科技中介。这些技术交易市场既有提供线上交易平台的，也有提供实体交易场所的，还有同时提供线上线下交易平台、场所的。在服务内容上，除了提供交易场所或平台服务，一般还附带提供上述居间、经纪、评估服务。在提供这些服务时技术交易市场也容易出现上文汇总的问题，这里不再赘述而仅针对提供交易场所或平台服务这个方面进行问题梳理，主要包括：第一，未对交易双方的资信等基本信息进行核实就允许其在市场中进行交易，这就为那些信誉差的市场主体或根本没有进行工商登记的伪公司能够在市场中活动提供了条件。第二，未对转让技术的基本信息进行核实就在市场中发布相关出让信息，为交易纠纷的产生提供了温床。第三，通过制造大量虚假技术出让信息或虚构交易量、交易额，使技术交易双方对该技术市场的运营情况产生错误认识。第四，在发现部分市场主体存在不诚信交易行为（如发布虚假技术信息）时，没有相应的处理机制，放任这些信息继续存在于该市场中。

4. 技术转化机构

广州的技术转化机构除了少部分是民营的以外，大多数为大学科技园和生产力促进中心等有官方背景或官方直接设立的机构。就后者而言，我们在调研中发现主要存在如下经营失范问题：第一，为了通过政府对技术转让社会效果的考核，与被转化技术所有人串通，夸大技术转化成果的销售额、制造虚假的行业评价，形成转化工作卓有成效的假象；第二，为了通过政府对成功申请专利数量的考核，在为待转化技术申请专利时，刻意缩小权利要求范围以便通过专利审查，致使获批的专利几乎没有多少市场应用价值；第三，为了通过政府对被转化技术所有方营业额和资产额的考核，有目的引入经营状况良好且自身就具有较强转化能力的企业，而非那些缺乏转化能力的科技成果所有人。

除了上述四类科技中介，其他科技中介也存在较为突出的经营失范问题。例如：实验平台伪造实验数据，或未进行全面的实际实验就出具实验报告等；为关联主体提供融资的科技中介与科技成果所有人串通，通过出具虚假的评估报告，吸引各类金融机构进行技术研发或转化投资等。有些科技中介更采取做一单换一个马甲的方式，在接受服务委托并收取佣金后立即注销工商登记，到处坑蒙拐骗，赚取不正当利益。从总体来看，整个行业的经营失范现象是较为突出的。

（二）服务质量不高，未能全面发挥应有功能

在调研中我们发现，与经营失范问题同样明显的还有服务质量和功能发挥问题。如本专著第二章所述，各关联主体在科技活动全流程的各环节需要科技中介提供各类高质量的服务，需要其发挥的功能范围也是比较广的。就目前广州的普遍情况看，虽然相比于二线和三线城市，科技中介能够发挥的功能已经较为完善，服务质量也相对较高，但与北京、浙江相比仍然存在不小的差距，与国外知名的科技中介之间的差距则更为明显。由于各类科技中介在经营范围上存在差异，因此下文针对不同类型的科技中介分别进行阐述，主要阐述对象亦为孵化器、专利代理机构、为技术交易服务的机构、技术转化机构这四类。

1. 孵化器

在对孵化器的调研中，课题组常常听到此类科技中介的另外一个称谓是"二房东"。这个称谓从表面上解释，即孵化器与建筑物的业主签订长期的租

赁协议，然后出租给入孵企业。然而，实际调研后发现，这个称谓事实上是对目前广州相当一部分孵化器能够发挥的主要职能的准确概括。换句话说，不少孵化器主要能够开展的业务就是物业转租工作，而且物业租赁也构成了这些孵化器自营收入的主要来源。当然，这并不是说这些孵化器除了物业租赁就没有提供别的服务，而是其他服务大都属于服务层次较低、缺乏技术含量的范畴，例如物业管理、工商注册和变更登记、制作财务会计报告和账目等。与北京、浙江以及国外的孵化器相比，广州孵化器在服务质量和功能发挥上存在差距包括如下方面。

第一，对孵化器的发展缺乏长远规划或没有能力进行长远规划。不少孵化器的主要经营活动所指向的就是如何获得更多的房屋租金和政府补贴，对应如何做大做强等问题缺乏长远规划。如有些孵化器将一些位置较为偏远的旧厂房租下来作为孵化场所，这样就能大幅度减少向业主支付的租金数额，而根本不考虑交通是否便利、配套设施是否完备等与孵化器长远发展息息相关的问题。有一些希望做大做强的孵化器则存在没有能力进行长远规划，而只能依赖政府补贴和房屋租金勉强度日的问题。就目前的普遍情况看，孵化器能否发展壮大主要依赖于股东自身的条件。股东的能力越强大、社会资源越丰富，孵化器往往发展得越好，因此目前以行业中的龙头企业为股东的孵化器往往发展较为迅速。其原因在于龙头企业会根据自身的需要选择与自身具有关联性的上下游企业入驻孵化器，由此能够与之形成紧密的业务关联和互补。这种孵化器除了能够为入孵企业提供全链条孵化支持和服务，还能够严格监督后者的运营情况，在促进入孵企业健康成长的同时也带来孵化器自身和龙头企业的快速发展。如果孵化器的股东仅是一般的企业或个人，那么往往缺乏这些利好因素，对于入孵企业引入一家算一家，所导致的结果是在孵企业五花八门，行业跨度大甚至没有任何关联。孵化器可能由于不了解这些入孵企业所属行业的情况，或不清楚入孵企业的真实需求，或无法有效组织能够涵盖一定数量入孵企业的孵化活动，而无法提供除了物业管理、工商注册和变更登记、制作财务会计报告和账目等简单业务以外的孵化支持。因此，这些孵化器仅能保证基本的运转，难以进行长远规划。

第二，孵化器缺乏提供全方位孵化支持服务所需的资金、渠道和人员。

在广州市政府加强对孵化器进行财政补贴的政策出台以后,各种孵化器就如同雨后春笋般遍地冒了出来。相当一部分孵化器设立的目的就是为了获得补贴。为了达到这个目的,孵化器必须满足政府关于孵化器等级认定的标准,因此不少孵化器把主要精力放在各方面要件如何达到该标准上,既没有促进企业孵化的足够资金,也没有支持企业孵化的渠道,在人员方面也仅是为了满足该标准而招聘,并不是真正为了满足入孵企业的孵化需求,故在能力和服务方面存在不小的局限。我们在调研中还发现广州的孵化器在如下三个方面存在较为明显的能力短板:其一,企业路演是入孵企业获得社会投资,顺利毕业的重要环节。要使入孵企业能够成功进行路演并获得投资,孵化器应当对入孵企业进行路演演讲培训和演练、提供路演策略建议、制作商业计划书、提供企业估值报告等,但相当一部分孵化器并没有进行路演支持的能力,更缺乏相关经验,无法为入孵企业提供相应服务。其二,在为入孵企业进行社会融资方面,不少孵化器由于在风投等社会融资圈缺乏足够的社会联系等原因,难以为入孵企业的发展引入社会资金,有些孵化器甚至根本没有提供过融资服务。其三,在为入孵企业的产品提供市场营销服务方面,或因缺乏懂得营销知识和技能的工作人员,或因缺乏营销渠道,或因缺乏营销经验,不少孵化器根本没有能力提供营销服务。

第三,孵化器提供的服务质量有待提高。在工商、财务等基础服务方面,被调研的入孵企业多次提及孵化器存在响应不及时、结果反馈慢甚至无反馈、服务态度有待提高等问题。在路演、融资等高端服务方面,孵化器则普遍存在形式远大于内容、服务成功案例过少等问题。

2. 专利代理机构

广州的专利代理机构虽然数量上较多,但存在多而不强、多而不精的问题。对于相对简单的技术,专利代理机构有能力恰当撰写申请书并成功获得专利权批准,但对于较复杂的技术却显得有些捉襟见肘,多而不强、多而不精的问题便暴露出来。

第一,专利申请书撰写质量不高。专利申请书是能否获得专利权以及获得什么样的专利权的关键材料,其中的技术说明书和权利要求书更是关键中的关键。而要写好这两书,要求专利代理机构中的专利代理人对拟申请技术所属的学科基本知识和前沿动态非常熟悉，对现有类似技术有全面的了解，对该技术所属领域的发展趋势有充分的把握，对专利法等方面的相关规定有准确的理解。只有具备上述条件，代理人才能真正理解拟申请技术的技术特征并作出恰当的技术说明，才能提出精确的权利要求范围，从而形成高质量的权利申请书。然而在调研中我们发现，不少专利代理机构均明确承认在专利申请书撰写能力上与北京、浙江的专利代理机构相比存在较大差距，并集中体现在无法准确理解技术，对法律规定把握不准等方面。在这一点上，单从专利申请书的收费数额上就能反映出这种差距。广州专利代理机构撰写一份申请书的收费一般为5000元左右，而北京的代理机构收费在万元以上，国外知名代理机构收费更是数万元起步。即便广州的专利代理机构存在价格优势，但不少大企业在为其复杂技术申请专利时，宁愿多支出撰写费聘请北京或国外的机构，也不愿交给广州本土的机构，其主要原因还是在于广州专利代理机构撰写申请书的能力不足。

第二，专利申请被批准后被宣告无效率相对较高。虽然专利申请被批准后申请人就获得了专利权，但这并不意味着申请人的专利权万无一失。根据《专利法》第四十五条的规定："自国务院专利行政部门公告授予专利权之日起，任何单位或者个人认为该专利权的授予不符合本法有关规定的，可以请求专利复审委员会宣告该专利权无效。"专利权被宣告无效的原因有很多，除了专利技术本身缺乏新颖性、创造性、实用性以外，技术说明书未能准确记载技术特征和技术方案、权利要求书对权利限定范围模糊或范围过大、与现有专利权权利限定范围重叠均会导致专利权被宣告无效。广州专利代理机构由于在专利申请书撰写方面存在短板，其客户的专利权被宣告无效的数量也远高于北京、浙江和国际同行。

第三，业务范围有限，缺乏提供综合服务能力。目前，北京、浙江以及国外专利代理机构表现出的一个明显发展趋势是，除了开展专利申请这个核心业务，还拓展了其他许多业务内容，如专利维权、专利评估、商标申请、专利融资等。在广州，除了几家较大的知识产权公司能够提供专利申请以外的其他服务外，大多数专利代理机构均只做专利申请。而那几家大公司能够提供的专利申请以外的服务也较为有限，如在专利评估方面，由于没有专利评估资质，只能退而求其次地做定性市场调查，无法提供专利价值的定量化评估服务。在专利融资方面，这些公司提供此项服务虽然有一段时间了，但融资的效果并不能令人满意，融资额也偏低。

3. 为技术交易服务的机构

从事居间、经纪、评估的机构在服务质量和能力方面存在的问题有：第一，检索、搜集相类似或相关联技术的能力较弱、途径较为有限，既难以为技术出让方拥有的技术进行市场评估提供全面的基础依据，往往也无法为技术受让方搜集目标技术提供尽可能多的备选方案；第二，对拟进行交易的技术的特征、效用、应用条件的理解和把握能力不足，交易撮合成功率较低；第三，对潜在受让方的真实需求予以准确定位和识别的能力较弱；第四，以提供交易机会，牵线搭桥式的纯粹居间服务为主，未能提供综合性、全流程服务。

如前文所述，技术交易市场分为线上交易市场和线下交易市场两个方面。其中，在线上交易市场方面，与国内外著名的网上交易市场相比，存在的功能和服务方面的不足：第一，仅能提供简单的基础检索、查询服务，即根据技术名称在搜索框进行搜索，或者按照行业分类逐级进行查找，未能提供多元化的检索方式；第二，技术信息页面仅通过文字介绍专利号、申请日、法律状态和简单的技术特征，再配一两幅简单的技术图对技术进行展示，不但展示内容过于简单，而且展示方式过于单一，不利于潜在受让方全面、准确了解相关技术的特征；第三，与注册用户的互动频率不足、方式有限，例如未能针对客户偏好和需求经常性地推送新的技术信息、技术交易的总体情况等，线下活动少之又少；第四，主要提供技术经纪服务，未能提供评估、技术应用跟踪、融资贷款等多元化、综合性服务；第五，没有技术需求方的需求信息发布页面，仅能通过经纪人找寻与需求对应的技术，而不能面向行业广泛征求技术；第六，有官方背景的网上技术交易市场交易量偏低，远不及民营网上技术交易市场。在线下交易市场方面，交易量远不及网上交易，且由于从业人员学历、技能不足，无法为客户提供令其满意的技术交易服务。

4. 技术转化机构

具有官方背景的大学科技园和生产力促进中心是广州技术转化机构的主

要组成部分,其存在的问题包括:第一,大部分机构业务范围有限,主要以提供办公场地服务为主;第二,不少机构无法提供专利申请服务,没有能力对待转化的科研成果能否申请专利、申请什么样的专利进行评估和管理;第三,鲜有机构能够提供知识产权战略规划、市场营销策划、融资担保等综合性配套服务;第四,相当一部分机构的工作重心在于如何通过主管部门的考核评估,未能真正围绕如何提升技术转化率和转化效果开展工作。

(三)从业人员水平有限,复合型、专业型人才严重缺乏

科技活动具有知识密集性特征,而为科技活动关联主体提供支持和服务的科技中介从业人员自然也必须有高层次的学历和素质水平,否则无法提供有效的服务。在专业知识上,从业人员至少需要具备扎实的理工科、金融学、营销学、法学、工商管理学等学科中的某一门学科专业知识,才能在科技中介的某个工作岗位上发挥应有作用。更重要的是,从国外著名科技中介的人员构成看,科技中介某些重要岗位的工作人员必须具有跨学科复合型知识结构背景(如理工科和法学复合型知识结构)。这种复合型人才不但能够在宏观上对技术创新的各个关键环节进行整体把握,综合其跨学科知识推进项目运作,而且在微观上能对技术价值做出更准确的评估,更恰当地匹配、撮合技术供需双方,从而带来科技中介的快速发展。

然而,从广州各类科技中介从业人员现状看,却远未能达到上述要求。在我们对广州各类科技中介的调研中,从业人员水平有待提高、复合型和专业型人才严重缺乏等问题是各类科技中介反映次数最多并被反复强调的。首先,在学历水平上,本科学历是目前的主流,硕士学历人员偏少,博士学历人员更是凤毛麟角,不少从业人员甚至只有大专和高职学历。其中,为技术交易提供服务的机构中的人员学历水平普遍较低。例如,在广州某知名网上技术交易平台对外公开推荐的旗下著名经纪人只有少部分有本科学历,根本没有硕士和博士学历者。其次,从业人员的专业知识结构与其岗位的应然要求经常出现偏差。如只有理工科知识背景的人员可能从事的是合同审查、市场营销等工作,只有工商管理学知识背景的人员可能从事的是对某项技术的应用前景的评估工作。在孵化器、科技园、生产力促进中心中,一个工作人

员同时要承担数个不同岗位的工作,而其本身可能根本没有能够驾驭不同岗位工作的知识储备和能力。最后,复合型人才对科技中介而言是非常稀缺的资源,在我们的调研对象中,只有屈指可数的科技中介拥有少量的跨学科复合型人才,且多集中在专利代理机构和评估机构中。

(四)发展资金短缺,融资困难

除了人才短缺,发展资金短缺亦是被调研的各类科技中介普遍反映的一个重要问题。这几年来,广州市区两级政府虽然加大了对科技创新行业的财政支持力度,但大多数专项财政扶持资金投向了科技研发主体,而较少能够惠及科技中介。孵化器目前是得到政府专项财政扶持资金最多的科技中介。其得到财政扶持资金金额大小是根据该孵化器的级别决定的。从国家级、省级、市级到区级孵化器,财政扶持资金依次递减,现广州被评为国家级和省级的孵化器多数具有官方背景,民营孵化器绝大多数为区级,少部分为市级,省级以上少之又少。即便是在获得专项资金支持的情况下,大部分孵化器也仅能够勉强维持基本的日常运营,根本没有多余资金用于服务创新,拓展业务范围以及复合型高端人才招聘。孵化器目前的资金状况尚且如此,其他类型的科技中介的资金状况就更为窘迫,基本上难以获得政府的财政补贴,就连与孵化器关系最紧的众创空间也是如此,遑论专利代理机构和为技术交易提供服务的机构。不少科技中介只能依靠自身努力,将财务状况保持在收支平衡线以上。具有官方背景的科技中介虽然无需担心日常运营资金的来源问题,但是由于上级监管机构对国有资产的严格管控,亦没有多余的资金投入到快速发展所需要的各项条件上。

在资金缺乏的情况下,科技中介在日常经营之外进行融资是必然的选择。然而,对于以提供科技服务为主营业务的科技中介来说,既没有可供抵押的设备、房屋等固定资产,也没有可供质押的专利等知识产权,难以从银行等传统金融机构获得融资。在社会融资方面,风投等社会融资主体多将资金投向科研创新主体,且多数为具有相对成熟技术的科研创新主体,甚少投向科技中介。在缺乏其他的融资途径情况下,科技中介一般仅能够通过自身经营缓慢积累资金,服务能力的提升速度较为缓慢。

第三章

广州科技中介经营失范和功能缺失问题成因分析

科技中介出现经营失范和功能缺失问题的成因有很多。这些因素不但自身具有复杂性,而且不少因素还时常交织在一起,互为条件且共同作用。要全面、准确地梳理这些因素,首先必须选择适当的分析工具;其次,为了确保问题解决对策的可行性和适当性,除了对产生问题的直接原因进行捕捉以外,那些相关性没有那么明显的间接原因以及能够促进科技中介发展的正面因素也应当纳入分析对象中;再次,从学界对科技中介领域已有的研究成果看,多从管理学角度进行问题梳理和提出对策,鲜见以法学为视角的研究成果,对于科技中介经营失范和功能缺失问题而言,法学视角的问题分析和解决对策相比于管理学可能更具有针对性和可行性;最后,考虑到要确保捕捉问题成因的精确性和具体性,泛泛地以全国的普遍情况作为分析对象是没有任何意义的,尤其是在法学研究视角下,地方性法规、规章、政策会对问题研究的结论产生重大影响。综合上述四点考虑因素,本章仍将广州科技中介作为研究对象,以管理学上非常流行的SWOT分析工具对正反两方面因素进行整体梳理,在此基础上把适用于广州科技中介的法律、法规、规章、政策从SWOT分析要素中提取出来,专门进行重点分析,以此形成以整体因素为框架、法制因素为侧重点的成因分析结论。

第一节　问题的整体成因分析——以 SWOT 为分析工具

SWOT 是四个英文单词的首字母，其中 S 指代优势（strength）、W 指代劣势（weakness）、O 指代机会（opportunity）、T 指代威胁（threat），S、W 用于涵盖内部条件因素，O、T 用于涵盖外部条件因素。所谓 SWOT 分析，即通过系统分析某一企业或行业的内部条件和外部条件，对其优势、劣势、机会、威胁的全面探讨，从而为某一企业或行业制定出科学的宏观发展战略和微观发展策略的研究方法。本章以 SWOT 为分析工具，对广州科技中介的发展所依赖的外部环境条件和内部结构因素进行剖析，在梳理出其快速发展的支撑因素的同时，重点搜寻出产生经营失范和功能缺失问题的原因所在。

（一）内部条件优势（S）

1. 市区两级政府对科技服务业的重视和扶持为科技中介提供了直接支持和良好的科技创新环境

根据《国家科技服务业统计分类（2015）》对科技服务业范围的界定，科技服务业的服务范围涵盖了为科学研究与试验发展服务、专业化技术服务、科技推广及相关服务、科技信息服务、科技金融服务、科技普及和宣传教育服务、综合科技服务七大方面。这个分类既包括了科技活动的关联主体，也将大部分科技中介囊括在内。政府对科技服务业的重视和扶持，既能够直接惠及被该分类所覆盖的科技中介，也能够通过惠及科技活动的关联主体，优化创新环境，间接促进整个科技中介行业的发展。

近年来，广州市区两级政府对科技服务业的重视程度和扶持力度连年提升。自 2015 年开始，广州实施财政科技经费倍增计划，2017 年全市地方财政科技经费达到 171 亿元，是 2014 年的 3 倍。[①] 在政策层面，2012 年以来广州市连续制定和出台了《广州市科技服务业"十二五"发展规划》等数十

---

① 广州市人民政府网站：《广州财政科技经费80%用于支持企业或企业牵头项目》，网址：http://www.gz.gov.cn/gzgov/s7498/201810/169434ccc6654513996d37089cd4b1c9.shtml，最后访问日期：2019 年 2 月 26 日。

项针对科技服务业的政策文件。此外市政府还大力推进"科技服务业示范企业和服务品牌培育工程",加快科研机构聚集区选址和建设,建设"千人计划"南方创业服务中心等工作,多管齐下推动科技服务业的快速发展,优化科技创新环境,为科技中介的发展提供了直接和间接的推动力。

2. 数量庞大、创新能力强的科技活动关联主体为科技中介提供了必要的生存和发展土壤

科技活动的关联主体是科技中介的服务对象,是合同的甲方和经营收入的主要来源,因此前者的快速、健康发展是后者得以生存和发展的前提条件。于广州,在市、区两级政府对科技服务业的高度重视和大力扶持下,原本就具有一定基础和条件的科技活动各关联主体得到了快速发展,这一点突出体现在处于科技活动核心地位的科技创新企业的相关数据上:截至2018年,广州共有国家高新技术企业8690家,是2015年1919家的4.53倍,实现连续两年两次倍增,总量超过上海,居全国各城市第三名,年度净增量连续两年领先深圳,紧随北京,居全国城市第二名。广州完成国家科技型中小企业备案入库企业7956家,居全国城市第一名;市科技创新企业库在录企业超过17.2万家,省高新技术培育入库企业累计数连续三年居全省第一,市创新标杆企业101家。①

3. 频频推出的规章政策为科技中介的发展持续注入发展动力②

如前所述,自2012年以来广州连续出台了旨在促进科技创新、扶持科技服务业的诸多规章政策,包括《关于推进"三个重要突破"的实施意见》《中共广州市委广州市人民政府关于推进科技创新工程的实施意见》《广州市科技服务业"十二五"发展规划》《广州市科研机构集聚区选址及发展规划》《中共广州市委广州市人民政府关于建设智慧广州的实施意见》《广州市人民政府关于加快科技创新的若干政策意见》《促进科技、金融与产业融合发展的实施意见》《中共广州市委、广州市人民政府关于加快实施创新驱动发展战略的决定》《广州市企业研发经费投入后补助实施方案》《广州市

---

① 广州市人民政府网站:《广州财政科技经费80%用于支持企业或企业牵头项目》,网址:http://www.gz.gov.cn/gzgov/s7498/201810/169434ccc6654513996d37089cd4b1c9.shtml,最后访问日期:2019年2月26日。

② 下文专门把法制成因作为重点分析对象进行了详细阐述,此处仅作简单概述。

人民政府办公厅关于促进科技企业孵化器发展的实施意见》《关于对市属企业增加研发经费投入进行补助的实施办法》《广州市人民政府关于促进新型研发机构建设发展的意见》《广州市关于落实创新驱动重点工作责任的实施方案》《广州市羊城高层次创新创业人才支持计划实施办法》《广州市促进科技成果转化实施办法》。这些规章政策从不同层面、不同角度，针对不同的对象共同形成了促进科技创新、扶持科技服务业的体系化规范性文件，其中既有间接惠及科技中介，如《广州市人民政府关于加快科技创新的若干政策意见》，更有直接针对科技中介的，如《广州市人民政府办公厅关于促进科技企业孵化器发展的实施意见》，为科技中介的发展注入了源源不断的发展动力。

4. 旺盛的市场需求为科技中介的发展带来广阔的发展空间

市、区两级政府的重视和扶持，科技活动关联主体的快速发展为科技中介服务市场带来了旺盛的市场需求。于政府层面，改变了以前科技中介只能通过项目申报获得政府资金支持的直接输血方式，而开始通过政府采购等方式向科技中介购买相关服务，由此形成了稳定的市场需求。于科技活动关联主体，在自身实现快速、健康发展的前提下，其在科技成果研发和转化、知识产权战略规划、技术成果交易、产品市场营销、商标权和专利权申请、融资等方面的服务需求也随之快速增长，这就为科技中介带来了巨大的发展空间。

（二）内部条件劣势（W）

1. 科技中介自身实力不强，竞争力较弱

广州科技中介虽然数量较多，但是存在多而不强的问题，能够提供的服务类型多集中于技术交易撮合等中低端层次，只有少数几家科技中介能提供诸如融资、知识产权战略规划、市场营销方案制定、科技研发协助等高端服务。究其原因有四：第一，广州不少民营科技中介是由原本的政府部门或事业单位改革转制形成的，其内部管理运作机制、对外经营方式、工作人员的工作思维并没有随着转制的完成而发生改变，仍然停留在转制以前的阶段。第二，政府加大财政支持力度的相关政策催生了为数不少的依赖财政补贴度日的科技中介。这种科技中介的各项工作均围绕如何顺利获得政府"输血"

这一点上,对如何提升自身实力和竞争力缺乏动力。第三,有官方背景的科技中介数量较多且市场化程度不高。有官方背景的科技中介因为有财政支持,所以既无须担心运营资金的来源,也因为无法分配营业利润,所以不关心能否提高营业收入。在既无压力又无动力的情况下,自身实力和竞争力难以得到提高。第四,由于政府职能部门对科技中介市场监管力度不足,部分科技中介抱着"赚一单是一单"的想法,将营业出发点放在如何"忽悠"客户签合同支付佣金上,而不是谋求长远发展,自然不会努力提升自身实力。

2. 行业监管缺位,服务质量标准尚有待完善

在各类科技中介中,除了专利代理机构由国家知识产权局或者省、自治区、直辖市知识产权局依照《专利代理管理办法》进行监管以外,包括生产力促进中心、孵化器、众创中心、为技术交易服务的机构均没有专门的行政监管部门,完全依靠企业自律进行自我监督和管理。虽然部分科技中介自发组成了所谓的行业协会,但设立协会的目的不是为了行业监管,而主要是为了拓展业务。在外部监管缺位的情况下,仅仅依靠各科技中介的自律以抑制"经济人"追求利益最大化的本性,那是不现实的,科技中介经营失范行为频发就是最好的例证。行业监管的缺位导致的另外一个消极后果是,无法形成行业内统一的服务质量标准,这样既无法督促和迫使各科技中介提升服务能力,也无法有效引导科技中介提升服务质量。

3. 官方与民营科技中介间存在不平等生存和发展条件

有官方背景的科技中介在基本运营资金方面能得到政府的直接投入,在申报政府项目方面更容易获得政府批准,在专项财政支持上能更容易通过更高的级别和资质认定从而获取补贴,在场地租赁方面能廉价甚至免费获得办公场地,在政府采购方面亦能够得到政府的倾斜照顾。反观民营科技中介,不但没有政府资金的直接投入,而且即便经营业绩超过有官方背景的科技中介,也难以获取政府的支持和补贴。例如,孵化器的专项财政补贴数额是根据孵化器被认定的级别而定的。广州目前能通过国家级、省级认定的孵化器绝大多数为有官方背景的孵化器,民营孵化器则甚少能够通过这两个级别的认定,因此获得的补贴金额也少得多。从补贴的效果看,一些拿到更多补贴的官方孵化器在服务质量和业绩方面却反倒不如民营孵化器。在场地租赁方面,民营孵化器往往

只能以市价租下场地，要想以廉价甚至是免费获得场地几无可能。

4. 行业薪酬待遇偏低，无法吸引高端人才

行业薪酬待遇偏低是目前广州科技中介存在的普遍现象。就不同的科技中介，产生这个问题的原因也不同。有官方背景的科技中介如生产力促进中心、孵化器、科技园等，其工作人员的工资福利等待遇一般套用的是同级事业单位的薪酬待遇标准。这个标准不但在数额上偏低（远低于深圳），而且缺乏弹性。换句话说，这些科技中介的工作人员难以凭借经营业绩增长而得到更好的工资待遇奖励。大锅饭性质的薪酬机制不但难以激励科技中介工作人员努力工作去创造更好的经营业绩，也难以吸引高端人才进入这些单位。民营科技中介如众创空间、孵化器等大都处于努力维持基本"温饱"的状况，没有更多的资金提升员工工资福利；专利代理机构由于服务费较低（远低于北京专利代理机构），只能通过走量的方式提升营业收入，造成工作量大而薪酬与之不匹配的问题；为技术交易提供服务的机构收取的服务费中的绝大部分归属于机构，技术交易经纪人提成并不高。如此种种原因之下，薪酬待遇偏低成为整个行业较为突出和普遍的现象，如何能够吸引高端人才、复合型人才进入科技中介行业？

5. 行业内外部联系薄弱，沟通互动不足

一般情况下，不同类型的科技中介在业务上不但不存在竞争关系，而且应当是相互衔接，具有互补性的。它们彼此间若能建立稳定的联系，业务上对接顺畅，那么不论对科技中介自身还是科技活动关联主体均具有重大的益处，更有利于形成多赢的局面。即便是同种类型的科技中介，除了竞争关系，也存在合作共赢的空间。尤其是在面对大项目、高端项目的情况下，同类科技中介组成联合体，既能提升自身竞争力和获得项目的可能性，又能高质量完成项目。科技中介的发展除了需要上述业内联系以外，与行业外其他市场主体建立联系的重要性也不容忽视。例如，在融资方面，科技中介与基金管理人、风险投资人之间的联系是否广泛、是否深入往往决定着融资效果的好坏。在为关联主体制定营销策略时，与广告公司、各种媒体平台间的联系也深度影响着营销结果。然而，从我们调研的情况看，目前广州科技中介行业内联系相对较为薄弱，不同类型的科技中介间互动频率较低，相互间的

合作仅停留在推荐业务的层面，缺乏深入合作与交流。在与行业外的联系方面，有官方背景的科技中介缺乏主动出击的动力，联系较少。民营科技中介大多依靠其股东的社会关系建立行业外联系，联系范围较窄，联系程度较浅，难以为业务的开展提供有效支撑。

（三）外部环境机遇（O）

1. 产业转型升级和服务业迁移为科技中介带来巨大的发展机遇

当前，我国已经进入产业转型升级的关键时期，如何从"中国制造"转变为"中国创造"成为整个社会共同关注的焦点问题。一方面，发达地区既有的发达制造业需要向欠发达地区转移，以在人力、土地等生产要素上继续保持成本优势；另一方面，发达地区在制造业转移同时，应当围绕创造创新建立高端的新型产业集群，以填补制造业转移后留下的空白。广州作为我国华南地区经济发展的领头羊，在改革开放后通过引进外资等途径已经建立起了制造业完整的产业链条并实现了经济的飞速发展，现在到了逐步将该链条上从事制造业的企业迁移到其他欠发达城市，建立新型高端产业链的阶段。这个新型链条既然以创造创新为本质属性，那么在打造该链条的过程中必然将科技活动的关联主体置于重要位置。而在这些关联主体之间扮演桥梁和纽带角色的科技中介也必然会迎来良好的发展机遇。

在我国进行制造业转移的同时，服务业也正在全球范围内进行迁移，主要迁移方向为从发达国家到发展中国家。应当说，服务业的跨国迁移恰好为我国服务业的发展提供了有利条件，我国的发达地区若能充分把握好服务业跨国迁移的机遇，则可以实现从以制造业为支柱产业转变为以服务业为支柱产业的产业转型升级。科技中介作为科技服务业的从业主体，正好可以趁着服务业跨国迁移的良机，通过与国外知名科技中介的交流、合作，学习后者的先进经验，锤炼自身的业务能力，获得为国外企业提供服务的机会，从而成长为具有国际竞争力的行业佼佼者。

2. 广州经济、科技的快速发展为科技中介带来源源不断的推动力

2017年，广州市实现地区生产总值（GDP）21 503.15亿元，按可比价格计算，比上年（下同）增长7.0%。其中，第一产业增加值233.49亿

元，下降1.0%；第二产业增加值6015.29亿元，增长4.7%；第三产业增加值15 254.37亿元，增长8.2%。第一、第二、第三次产业增加值的比例为1.09∶27.97∶70.94。第二、第三产业对经济增长的贡献率分别为20.9%和79.3%。[1] 从上述数据可以直观地看出，广州在经济总量上居全国主要城市前列，在全国经济增速放缓的情况下仍然保持了较高的增长速度且高于全国平均的增长水平。在三大产业具体的增长数据上，虽然第一产业增加值下降，但第二和第三产业的增加值却实现了高速增长，不但补足了第一产业下降的部分，还构成了整体GDP增长率7.0%的重要组成部分。尤其是第三产业，增加值占比达到70.94，对经济增长的贡献率达到79.3%。可以说，广州经济的快速健康发展态势为科技中介提供了基础推动力。

在科技方面，广州同样保持着良好的发展势头。如第四章的数据所示，广州在国家级、省级、市级重点实验室、工程技术研究中心、科技园数量，两院院士数量，高新技术企业数量上均排在全国前列。以此为基础，广州保证了科技成果产出的数量和质量。以专利为例，2017年全年受理专利申请118 332件，增长19.4%；其中发明专利36 941件，增长16.0%，占申请量的31.2%。专利授权60 201件，增长24.6%；其中发明专利授权9345件，增长21.9%。[2] 如此庞大的专利申请量在直接为专利代理机构带来大量的业务，保证其具有充沛发展动力的同时，也间接地为众创空间、孵化器、技术交易服务机构带来巨大的市场空间。

3. 粤港澳大湾区建设和各城市间的深度合作奠定了科技中介发展的重要基础

2019年2月18日，中共中央、国务院印发了《粤港澳大湾区发展规划纲要》（下称《纲要》）并发出通知，要求各地区各部门结合实际认真贯彻落实。这标志着粤港澳合作进入共促发展新阶段，其要义在于破除影响创新要素自由流动的瓶颈和制约，发展新技术、新产业、新业态，形成以创新为

---

[1] 广州市统计局：《2017年广州市国民经济和社会发展统计公报》，网址：http：//www.gz.gov.cn/gzgov/s2885/201803/cde30ff763f44f909e7148abab736d5f.shtml，最后访问日期：2019年2月26日。

[2] 广州市统计局：《2017年广州市国民经济和社会发展统计公报》，网址：http：//www.gz.gov.cn/gzgov/s2885/201803/cde30ff763f44f909e7148abab736d5f.shtml，最后访问日期：2019年2月26日。

主要动力和支撑的经济体系。①《纲要》提出,"以打造具有全球影响力的国际科技创新中心为重中之重,瞄准世界科技和产业发展前沿,加强创新平台建设,大力发展新技术、新产业、新业态、新模式,加快形成以创新为主要动力和支撑的经济体系;扎实推进全面创新改革试验,充分发挥粤港澳科技研发与产业创新优势,破除影响创新要素自由流动的瓶颈和制约,进一步激发各类创新主体活力,建成全球科技创新高地和新兴产业重要策源地。"② 对于这个重要目标,作为科技创新活动润滑剂的科技中介无疑可以发挥自身在科技活动关联主体间起承转合的作用,打破科技创新要素流动的障碍,加快相互融合的步伐。国家亦充分认识到这一点,在《纲要》中明确要求:"加快国家自主创新示范区与国家双创示范基地、众创空间建设,支持其与香港、澳门建立创新创业交流机制,共享创新创业资源,共同完善创新创业生态,为港澳青年创新创业提供更多机遇和更好条件。支持粤港澳在创业孵化、科技金融、成果转化、国际技术转让、科技服务业等领域开展深度合作,共建国家级科技成果孵化基地和粤港澳青年创业就业基地等成果转化平台。在珠三角九市建设一批面向港澳的科技企业孵化器,为港澳高校、科研机构的先进技术成果转移转化提供便利条件。支持珠三角九市建设国家科技成果转移转化示范区。"③ 从《纲要》的上述内容以及大湾区内九市两区的发展现状不难得出这样的结论:粤港澳大湾区的建设为科技中介的发展壮大提供了前所未有的良好契机和宏观环境。在此大背景下,科技中介已经具备了快速发展所需的政治、社会、经济、政策基础。

(四)外部环境威胁(T)

1. 政府等关联主体未能充分认识到科技中介的重要性

尽管科技中介在科技活动中扮演着重要的桥梁和枢纽角色,其重要性却

---

① 叶青、龙跃梅:《创新要素有序流动,大湾区的"水"活了——〈粤港澳大湾区发展规划纲要〉解读之一》,《科技日报》2019年2月25日第01版。
② 中华人民共和国中央人民政府:《粤港澳大湾区发展规划纲要》,网址:http://www.gov.cn/zhengce/2019-02/18/content_5366593.htm#1,最后访问日期:2019年2月26日。
③ 中华人民共和国中央人民政府:《粤港澳大湾区发展规划纲要》,网址:http://www.gov.cn/zhengce/2019-02/18/content_5366593.htm#1,最后访问日期:2019年2月26日。

未能被政府等关联主体所充分认识。

于政府，广州市、区两级政府对科技研发主体的重视程度远远超过了科技中介。对此，可以从如下几个方面得到直接的证明：①市、区两级政府每年投入 R&D 资金中的绝大部分都流向了科技研发主体。诚然，因为科技研发主体系科技活动的主角，科研活动需要大量经费等原因，政府向其投入大量资金具有合理性，但是对科技中介投入过小则超出了合理性的边界。目前，民营科技中介中只有孵化器能够获得政府资金的支持，诸如民营众创空间、科技园、为技术交易服务的机构几乎全靠自力更生，而即便是获得政府资金的民营孵化器，政府的支持额度也仅够其维持日常运营的水平。有官方背景的科技中介虽然一直能得到财政支持，但也只是将其作为普通事业单位进行管理，支持力度有限。②市、区两级政府每年对科技活动的规划、总结、统计都是针对包括科技研发主体、科技中介在内的整个科学与技术服务业而作出的，而这些规划、总结、统计的重心基本都是针对两院院士、重点实验室、工程技术研究中心等科技研发主体，很少涉及除孵化器、有官方背景的科技园以外的其他科技中介。

科研活动（除去科研中介）关联主体，在提及科技中介这个概念时，大都认为科技中介与市场上的其他中介一样，仅是提供一些基本信息检索、咨询服务或撮合交易的中间人，对科技活动没有实质性的促进作用。关联主体对科技中介认识上的这种偏差所导致的结果是，在遇到可以由科技中介提供服务予以解决的问题时根本不会想到科技中介，而主要依靠自身的力量去尝试解决问题，其结果往往是事倍功半。再加之目前广州科技中介存在较为突出的经营失范现象，即便是那些希望能从科技中介处得到专业服务的关联主体也会由于担心其服务的质量等问题而不敢去联系或不知如何筛选诚信经营的科技中介。这就使得广州科技中介的经营活动举步维艰，难以发展壮大。

2. 周边城市科技中介的发展对广州科技中介形成巨大的竞争压力

广州科技中介除了需要面对本地同行的激烈竞争，同时还要面对来自周边城市同行的竞争压力。其中，又以深圳同行带来的压力最大。从科技活动的整体情况看，截至 2017 年，深圳高新技术产业实现增加值 7359.69 亿元，同比增长 12.19%。初步核算，全社会研发投入超过 900 亿元，占 GDP 比重达到4.13%。国家高新技术企业总数达到11 230家，累计挂牌成立5家诺贝尔奖科学家实验室，授牌7家海外创新中心，累计建成创新载体1688家，累计建成省级新型研发机构41家。①截至2017年，有效发明专利维持5年以上的比例达86.72%，居全国大中城市首位；PCT国际专利申请量突破2万件，达20 457件，占全国申请总量的43.07%（不含国外企业和个人在中国的申请），连续14年居全国大中城市第一名。②就深圳科技中介的具体情况而言，科技中介的整体发展状况与广州大致上旗鼓相当，部分科技中介发展已经超过了广州，如专利代理机构。截至2017年底，深圳市专利代理机构（不含分支机构）达144家，专利代理资格人数897人，外地代理机构在深分支机构25家，从业人员数量达3000人。③如何应对来自创业创新氛围更浓厚、市场经济自由度更高的深圳同行的竞争，将是广州科技中介必须思考和面对的问题。

3. 社会成员、市场主体知识产权意识薄弱，知识产权保护力度低成为科技中介发展的掣肘

社会成员、市场主体知识产权意识薄弱的问题并非广州所独有，而是我国各地普遍存在的问题，与其相伴相生的一个问题是我国知识产权保护力度普遍较低。科技中介的服务对象虽然是科技活动的关联主体，但如果深究其服务所指向的最终客体则是各种形式的知识产权。社会成员、市场主体知识产权意识薄弱，不但漠视他人的知识产权，甚至连自己的知识产权也不珍惜、不重视。漠视他人知识产权会在滋生知识产权侵权行为的同时，亦会抑制科技成果交易的数量和金额的增长。不珍惜自己的知识产权则可能导致科技成果转化效率低、专利申请量少、商业秘密未能得到充分保护等消极结果。上述负面影响的存在在质上和量上均对科技中介业务的开展造成了不小的障碍并严重压缩了科技中介的生存空间。同样的，知识产权保护力度不足

---

① 深圳市科技创新委员会：《深圳市科技创新委员会2017年工作总结与2018年工作计划》，网址：http：//stic.sz.gov.cn/xxgk/gzjh/ndgzjj/201803/t20180330_11655282.htm，最后访问日期：2019年2月26日。
② 深圳市市场监督管理局：《深圳市2017年知识产权发展状况白皮书》，网址：http：//www.sz.gov.cn/szscjg/zscq/zscqbh/zscqbps/201805/t20180515_11901802.htm，最后访问日期：2019年2月26日。
③ 深圳市市场监督管理局：《深圳市2017年知识产权发展状况白皮书》，网址：http：//www.sz.gov.cn/szscjg/zscq/zscqbh/zscqbps/201805/t20180515_11901802.htm，最后访问日期：2019年2月26日。

也会产生同样的负面影响。如果上述问题得不到妥当解决,那么科技中介的发展上升空间将是有限的。

第二节 问题的法制成因分析——以规范性文件为对象

目前,能够适用于科技中介的规范性文件包括法律、法规、规章和政策。虽然从严格的法学视角看,规章和政策并不是法律渊源,但是就这些规范性文件的整体现状而言,规章和政策占据了其中的绝大部分,如果不将其纳入分析的范围,那么就无法全面、正确地捕捉到造成科技中介功能缺失和经营失范的法制成因。基于此,我们将法制成因中的"法制"作宽泛界定,即将规章和政策包括在内。此外,我国各级政府由于对科技创新活动的充分重视,颁布了非常多与科技中介直接或间接相关的规范性文件,限于篇幅无法进行一一列举,下文仅对其中最重要的规范性文件进行梳理。

(一)与科技中介有关的规范性文件梳理

1. 与科技中介有关的法律法规

1986年颁布的《中华人民共和国民法通则》(下文简称《民法通则》)是调整我国市场经济的根本大法。该法的出台为我国各类市场主体从事经济活动设定了基本规则,也为我国市场经济制度的确立奠定了重要基础。不过,随着《中华人民共和国民法总则》(下文简称《民法总则》)于2017年10月1日正式施行,《民法通则》中的大部分规定已经被修改和取代。因此,在对适用于科技中介的法律法规进行分析时,我们主要围绕《民法总则》展开。

不论是《民法通则》还是《民法总则》,其作为市场经济的根本法,仅是为科技中介的设立和经营提供了基本规则,并不直接针对科技中介。我国的法律文件中最早提及科技中介的法律是1993年颁行的《中华人民共和国科学技术进步法》[①](以下简称《科技技术进步法》),该法明确鼓励设立科技中介,为科技活动的各关联主体提供各类科技活动。1996年颁布的《中华

---

① 《中华人民共和国科学技术进步法》已于2007年修改,2008年施行。

人民共和国促进科技成果转化法》承接《科学技术进步法》的立法意旨和精神，对科技中介作出了进一步规定。该法于 2015 年进行了修改。修改后的条文对科技中介的经营范围进行了列举式规定，并对其法定义务和责任作出了规定。1999 年颁布的《中华人民共和国合同法》第十八章对技术合同作出了专门规定。其中第一节是关于技术开发合同，第二节是关于技术转让合同，第三节是关于技术咨询合同和技术服务合同。该章规定的内容直接针对科技中介的经营行为展开，是调整科技中介经营行为的重要依据。2002 年颁行的《中华人民共和国中小企业促进法》在中介机构服务范围上作出了比《科学技术进步法》更为详细的规定，该法第三十条对生产力促进中心和科技企业孵化基地的职能首次作出了规定，而第六章更明确要求地方政府扶持为中小企业提供服务的各类中介机构。除此以外，《中华人民共和国公司法》和《中华人民共和国合伙企业法》在普通法意义上规定了各类科技中介设立和运营的基本规则。《中华人民共和国专利法》（下文简称《专利法》）为专利代理机构开展代理专利申请等活动提供了依据。《中华人民共和国刑法》中的中介组织人员提供虚假证明文件罪则用于惩罚承担资产评估、验资、验证、会计、审计、法律服务等职责的中介组织及其人员故意提供虚假证明文件、情节严重的行为。

最早对科技中介进行规定的行政法规是国务院于 1991 年颁行的《专利代理条例》。该条例在专利代理机构的类型、设立条件和程序、服务内容、专利代理人资格、经营中须承担的法定义务和责任等方面做出了细致的规定。除了该条例，国务院还颁布了不少冠之以"意见"的规范性文件。虽然这类规范性文件不是行政法规，但是却会对科技中介的发展产生深远的影响。例如，《国务院关于加快科技服务业发展的若干意见》从发展目标、重点任务、政策措施等方面对如何培养和发展科技服务业提出了战略意见。其中在重点任务里面明确了九项需要重点推进的具体工作，包括研究开发及其服务、技术转移服务、检验检测认证服务、创业孵化服务、知识产权服务、科技咨询服务、科技金融服务、科学技术普及服务、综合科技服务。在政策措施方面，则提出了健全市场机制、强化基础支撑、加大财税支持等七项举措。

2. 与科技中介有关的部门规章政策等规范性文件

科技部是颁布与科技中介有关的规章政策等规范性文件最多的部级单位,现对其中较为重要的规范性文件进行简要介绍:早在 2003 年,科技部就把当年定义为科技中介机构建设年,并且发布了《科技部落实科技中介机构建设年工作要点》。该文件提出了如下六个方面工作要点:①建立扶持科技中介机构发展的政策环境,探索对科技中介机构实行分类管理的有效途径;②围绕区域创新体系建设,大力扶持和培育一批骨干科技中介机构,在能力建设、制度规范和网络化协作等方面发挥示范带动作用;③发展行业协会,推进科技中介机构资信认证和评价工作,促进科技中介机构提高业务水平,加强行业自律;④大力开展从业人员培训,提高人员素质;⑤启动科技中介机构公共信息平台建设项目;⑥充分调动地方的积极性和创造性,全面推进科技中介机构建设年的各项工作。2010 年颁布的《科技企业孵化器认定和管理办法》作为用于行业管理的典型部门规章,对国家级孵化器的认定条件和管理内容作出了详细的规定。2013 年颁布的《国家高新技术产业开发区"十二五"发展规划纲要》强调了孵化器、科技企业加速器等科技中介是提升研发企业创新能力,推进高新技术产业开发区建设的重要因素。2015 年发布的《科技部关于进一步推动科技型中小企业创新发展的若干意见》多处强调了专业中介机构和科技服务机构在推动科技型中小企业创新发展方面能够起到的重要作用,并提出应从税收等方面给予科技中介大力支持。2017 年发布的《"十三五"技术市场发展专项规划》在充分分析科技发展和技术市场现状、机遇的基础上,提出了发展技术市场的思路与目标,明确了包括完善市场政策体系和服务体系等六大重点任务,并着重强调应从加快统筹引导、强化政府服务等四个方面提供保障措施。2017 年发布的《国家科技企业孵化器"十三五"发展规划》在总结我国孵化器发展历程和现状,明晰孵化器发展新趋势和新要求的基础上,形成了促进孵化器发展的指导思想、发展原则并确立了 2020 年应当实现的发展目标,明确了"服务大众创业,支持孵化器多元化发展""优化金融服务,推进投资孵化融合发展""提升孵化质量,带动创业服务精益发展"等九大具体任务。在保障措施方面则提出了"加强组织领导,实现协调发展""扩大资金投入,创新资助方式""分级分类引导,发挥政府作用""强化考评结合,引导资源流动""做好宣传引导,树立创业风尚"五个方面的具体举措。

为了打破不同部门管理职能的界限范围,科技部除了单独发布规范性文件,还与其他部委联合发布与科技中介有关的规范性文件。如科技部与中国科学院联合颁布的《中国科学院关于新时期加快促进科技成果转移转化指导意见》就从指导思想、基本原则、资产管理、人员管理、考核机制、条件保障六个方面提出了促进科技成果转化的体系化扶持政策。

除了科技部,国家知识产权局也颁布了不少与科技中介相关的规章等规范性文件,其中最为重要的是2015年颁布的《专利代理管理办法》。该办法从专利代理机构及其办事机构的设立、变更、停业和撤销,专利代理人的执业和专利代理监管三个方面对《中华人民共和国专利法》《专利代理条例》的相关规定进行了补充和细化。

3. 广东省与科技中介有关的省级地方性法规、规章、政策等规范性文件

在广东省省级层面,省人大、省政府、省科技厅和省知识产权局同样出台了不少与科技中介有关的规范性文件,其中省人大颁布的主要地方性法规包括:

(1) 1998年颁布、2014年第二次修正的《广东省民营科技企业管理条例》。该条例第二条对民营科技企业的概念和范围作出了界定:"民营科技企业是指以科技人员为主体创办的,以科技创新为主要特征,实行自愿组合、自筹资金、自主经营、自负盈亏的科研、生产、经营的经济实体。民营科技企业以技术开发、技术转让、技术咨询和技术服务以及新技术新产品研制、中试、生产、示范、推广、销售为主要业务经营范围。"根据该条,民营科技中介应归入民营科技企业的范畴。在此基础上,该条例还进一步规定了民营科技企业的设立与变更、鼓励与扶持以及管理方面的内容。

(2) 2010年颁布的《广东省专利条例》。该条例第四十三条规定:"从事专利代理、检索、评估、许可贸易等服务的机构及其从业人员,应当依照有关法律、行政法规取得执业资质或者资格;专利服务机构应当依法办理登记注册手续。专利服务机构及其从业人员不得泄露当事人的商业秘密;不得损害专利申请人、专利权人以及其他当事人的合法权益。"

（3）2012年颁行、2016年第二次修正的《广东省自主创新促进条例》。该条例除了贯彻上位法的立法精神，要求县级以上人民政府及主管部门应当支持各类科技中介的发展，明确科技中介的服务范围以外，还特别提出科技中介应将其基本信息进行备案和发布，应当建立行业自律制度。此外，该条例还罗列了科技中介及其从业人员不得实施的不当行为及相应的行政处罚责任。

（4）2016年颁布的《广东省促进科技成果转化条例》。该条例除了再次明确支持科技中介发展是政府的法定义务外，还专门针对科技中介服务机构及其从业人员故意提供虚假信息、实验结果或者评估意见等欺骗当事人的行为，以及与当事人一方串通欺骗另一方当事人的行为，规定了从没收违法所得、罚款到吊销营业执照等处罚措施的行政法律责任。

广东省政府颁布的规范性文件主要包括：

（1）2012年出台的《广东省人民政府办公厅关于促进科技服务业发展的若干意见》。该意见从"突出服务重点，大力推动科技服务业重点领域发展""拓展服务范围，强化科技服务业发展支撑""加快产业集聚，大力提升科技服务业协同创新能力""加强交流合作，大力提升科技服务业的国际竞争力""促进科技服务业发展的保障措施"五个方面对如何促进科技服务业发展作出了整体战略布局并提出了具体扶持政策。

（2）2015年出台的《广东省深入实施知识产权战略推动创新驱动发展行动计划》。该计划主要针对推动知识产权交易，推进知识产权交易机构的建设作出了专门规定。

（3）2016年出台的《广东省人民政府办公厅关于进一步促进科技成果转移转化的实施意见》。该意见针对与科技成果转移转化有关的科技中介，如众创空间、孵化器、科技成果转化机构等作出了相应的规定。此外还就如何提高科技成果转移转化效率和成效拟定了体系化的扶持政策。

省科技厅和省知识产权局颁布的规范性文件包括：《关于进一步提升我省科技企业孵化器质量水平的工作方案》《关于科技企业孵化器后补助试行办法》《广东省知识产权局发明专利申请资助管理办法》等。

4. 广州市与科技中介有关的市级规范性文件

广州市近年来颁布了许多与科技中介有关的规范性文件，主要包括：

(1) 2003年颁布的《加快发展广州民营科技企业的议案实施方案的决议》在分析当时民营科技企业发展状况及问题的基础上，从十个方面提出了发展广州民营科技企业的措施，其中与科技中介相关的有"加快广州区域创新体系建设，完善科技中介服务网络，为民营科技企业的创业创新服务""推动银企合作，鼓励金融机构积极探索和开展以知识产权质押、收益权质押、仓单和票据及离岸存款质押等多种担保方式的贷款""加快广州民营科技园的发展，逐步解决建设中的问题，把广州民营科技园建设成为我市发展民营科技企业的示范园区"。

(2) 2011年颁布的《广州国家创新型城市建设总体规划（2011—2015年）》除了提出要促进各类科技中介发展，建设创新中介服务体系，完善创新链条以外，在加快服务业和信息业的融合、服务业与金融业的融合等方面提出了一些新的举措。

(3) 2013年颁布的《广州市科技创新促进条例》在科技创新服务机构引导扶持制度、公共科技服务政府购买制度、科技金融服务、建设知识产权质押融资服务平台、落实相关税收优惠等方面对如何促进科技中介发展作出了规定。

(4) 2014年颁布的《广州市人民政府关于加强专利创造工作的意见》将支持专利代理机构和知识产权服务平台建设作为加强专利创造的重要举措。

(5) 2016年颁布的《广州市科技企业孵化器管理办法》在对孵化器的性质、经营范围作出界定的基础上，从孵化器的登记、市级孵化器认定、绩效评价、信息公开四个方面作出了较为详细的规定。

(6) 2016年颁布的《广州市人民代表大会常务委员会关于促进改革创新的决定》明确了孵化器和技术服务平台在促进创新方面的重要价值。

(7) 2016年颁布的《广州市加快创新驱动发展实施方案》明确了众创空间、孵化区和科技园在加快创新驱动发展方面的重要作用。

此外，广州还在2015年推出了引人瞩目的"1+9"科技政策。所谓"1+9"，即以《中共广州市委 广州市人民政府关于加快实施创新驱动发展战略的决定》为主文件"1"，再辅之以配套9份文件组成。该系列政策的基本情况如下：

（1）《中共广州市委 广州市人民政府关于加快实施创新驱动发展战略的决定》主要从宏观上建立起加快实施创新驱动发展战略的框架，其内容包括总体要求、强化企业创新主体地位、营造良好的创新生态环境、促进科技成果转化、全面推进源头创新和协同创新、提升科技创新平台服务能力、促进科技创新与金融的结合、加强科技创新与产业融合发展等。其中，试行科技创新券制度、建设政府创新集成服务平台、完善科技金融服务机制等方面的规定颇有新意。

（2）《广州市国资委 科技创新委 财政局 统计局关于对市属企业增加研发经费投入进行补助的实施办法》（下文简称《实施办法》）主要通过对市属企业研发经费投入后补助的方式，以全面鼓励市属企业开展研发活动、加大研发经费投入、形成万众创新的新局面为原则，确保扶持工作的客观、公开、公正、可量化和效益性。

（3）《广州市企业研发经费投入后补助实施方案》与《实施办法》比较类似，亦是通过企业研发经费投入后补助的方式鼓励企业进行科技研发活动，不过因针对的补助企业性质不同而在程序、补助数额方面存在差异。

（4）《广州市人民政府办公厅关于促进科技、金融与产业融合发展的实施意见》的亮点有：其一，建立科技金融综合服务中心，主要为科技型中小企业提供信息对接、科技信贷、上市培育、互联网众筹等"一站式"服务。着力推动这些企业在新三板挂牌交易，特别是对重点培育的后备挂牌企业在股份制改造、签约辅导等环节提供补贴。其二，建立科技企业风险补偿制度，设立专项资金池对天使投资失败项目给予一定补偿。

（5）《广州市人民政府办公厅关于促进科技企业孵化器发展的实施意见》以实现孵化器数量、面积、在孵企业"三倍增"为目标，在政务服务、用地、资金、规划、人才、科技成果转化和管理等方面给予全面的政策支持。除了每年提供不少于1亿元的专项支持资金，还拟通过设立孵化器发展基金，参股种子基金等方式支持孵化器的发展。

（6）《广州市人民政府办公厅关于促进新型研发机构建设发展的意见》针对主要从事科学研究、技术研发、成果转化等活动，具有职能定位综合化、研发模式集成化、运营模式柔性化等新特征，独立核算、自主经营、自负盈亏、可持续发展的法人组织提供政府资金支持。

(7)《广州市人民政府办公厅关于印发广州市促进科技成果转化实施办法》主要规定了市区两级政府应从哪些方面对科技成果转化工作提供支持，具体包括资金补助、设立科技成果转化公共信息服务平台、购买服务、开放共享公共创新平台和大型科研仪器设备等方面的内容。

(8)《广州市人民政府关于加快科技创新的若干政策意见》在人才引进配套措施、科技成果交易补贴制度、试行创新产品与服务远期约定政府购买制度等方面提出了加快科技创新的具体举措。

（二）现行规范性文件存在的问题

1. 以政策为主，法律法规为辅的规范性文件体系缺乏规则稳定性和可预期性

从上文对与科技中介有关的规范性文件的梳理可以看出，以"意见""决定""方案""规划"命名的各种政策构成了其中的绝大部分，相关的法律法规所占的比重偏小。这些法律法规中，法律条文直接提及科技中介及相关概念的只有《中华人民共和国合同法》《中华人民共和国促进科技成果转化法》《中华人民共和国科学技术进步法》《中华人民共和国中小企业促进法》，国务院颁布的《专利代理条例》《广东省促进科技成果转化条例》《广东省民营科技企业管理条例》《广东省自主创新促进条例》等法律法规，《民法总则》《中华人民共和国公司法》《中华人民共和国合伙企业法》《中华人民共和国专利法》《广东省专利条例》等都只是对相关问题作了一般性规定，根本不可能提及科技中介的字样。进一步而言，在提及科技中介的大部分法律法规中，也只有很少一部分条文是针对科技中介相关问题的，如《中华人民共和国合同法》在第十八章第四节"技术咨询合同和技术服务合同"仅用了八个条文对此类合同进行规定，又如《中华人民共和国促进科技成果转化法》只有四个条文、《中华人民共和国科学技术进步法》只有三个条文是直接与科技中介相关的。国务院颁布的《专利代理条例》虽然是针对专利代理机构制定的，但也仅限于该类科技中介，而不涉及诸如孵化器、与

技术交易有关的机构等其他类型的科技中介。法律法规数量上的不足导致的问题是，法院在对相关纠纷进行处理、政府职能部门在对行业进行管理的时候，常常难以找到处理和管理的依据，法官的司法自由裁量权、政府职能部门行使行政职权的空间较大，容易滋生腐败、权钱交易等现象。除了法律法规的数量严重不足以外，与科技中介有关的规章数量也偏少。虽然相对于法律法规，规章的位阶较低并且不能在法院对相关案件的审理中作为必然约束，但相对于政策而言，其稳定性、可预期性还是要强一些。然则，现行相关规章的数量却远远少于相关政策。政策虽然具有较强的灵活性，但其弊端也是非常明显的，那就是缺乏规则的稳定性和可预期性。虽然在广州，政策不至于朝令夕改，但也只是在相对较短的时间内具有适用效力，难以做到长期适用。这就无法为科技中介以政策为导向，进行长远规划提供规则的可预期性，所导致的问题是科技中介大多将注意力集中与在短期内如何做到符合政策要求以享受政策红利这一点上，急功近利而缺乏长远的规划，如此这般何以能做大做强？

2. 规范性文件数量虽多但质量不高，华而不实的问题较突出

目前有关科技中介的各类规范性文件数量不可谓不多，梳理罗列出来蔚为壮观。然而，如果深入研读这些规范性文件相关条文的内容却很容易发现，其中能够发挥实质作用的条文并不多。

（1）在法律法规层面。

首先，不少条文是只具有倡导性意义而没有规范性意义的，如《中华人民共和国促进科技成果转化法》第三十条规定："国家培育和发展技术市场，鼓励创办科技中介服务机构，为技术交易提供交易场所、信息平台以及信息检索、加工与分析、评估、经纪等服务。"第三十二条规定："国家支持科技企业孵化器、大学科技园等科技企业孵化机构发展，为初创期科技型中小企业提供孵化场地、创业辅导、研究开发与管理咨询等服务。"这两条使用的是"鼓励""支持"等充满弹性的词语，不符合法律用词的刚性要求。这种措词方式下形成的条文不具有规范意义而仅表明政府态度，严格来说并不能称得上是法条。《中华人民共和国科学技术进步法》也存在同样的问题，该法第二十七条规定："国家培育和发展技术市场，鼓励创办从事技术评估、

技术经纪等活动的中介服务机构，引导建立社会化、专业化和网络化的技术交易服务体系，推动科学技术成果的推广和应用。"第三十七条规定："国家对公共研究开发平台和科学技术中介服务机构的建设给予支持。"第六十三条规定："国家鼓励设置综合性科学技术实验服务单位，为科学技术研究开发机构、高等学校、企业和科学技术人员提供或者委托他人提供科学技术实验服务。"这些条文所使用的也是"鼓励""支持"等词语。《中华人民共和国中小企业促进法》《广东省促进科技成果转化条例》《广东省民营科技企业管理条例》《广东省自主创新促进条例》也存在同样的问题。

其次，有些条文涉及的问题应当并且能够根据市场规律进行调整，根本无须进行立法。如《中华人民共和国中小企业促进法》第三十九条规定："中小企业服务机构应当充分利用计算机网络等先进技术手段，逐步建立健全的向全社会开放的信息服务系统。"《中华人民共和国科学技术进步法》第三十七条规定："公共研究开发平台和科学技术中介服务机构应当为中小企业的技术创新提供服务。"《广东省自主创新促进条例》第三十六条规定："科学技术中介服务机构应当为企业、高等学校、科学技术研究开发机构提供研发服务、知识产权服务、检测服务、创意设计、技术经纪、科学技术培训、科学技术咨询与评估、创业风险投资、科技企业孵化、技术转移与推广等科学技术中介服务，促进自主创新成果的转化和产业化。"《广州市科技创新促进条例》第二十一条规定："科技企业孵化器应当提高专业化服务水平，按照市场机制的原则，为进驻企业提供专业孵化、创业引导和持股孵化等服务。"无论这些条文是否存在，科技中介为谁提供服务、能够提供什么种类的服务、提供何种程度的服务，都要受到市场规律的约束，而且也只能根据市场规律对这些问题作出回答，上述法律法规的规定不但没有任何规范意义，还可能对市场规律正常运转产生不当干预。

(2) 在政策层面。

虽然政策就自身而言，充分表明政府态度的条文具有一定的昭示性意义，但不少条文却只是对上一级政府相关政策条文的重复表述。这就无法充分体现发布政策的该级政府自身的态度，甚至让人产生该级政府颁布相关政策只是为了应付上一级政府政策要求的怀疑，这更不足以为科技中介提供发展激励。

（3）不论是现行法律法规还是政策规章，均普遍存在操作性不强的问题。

上文述及的"鼓励""支持"性条文的可操作性不强已无需赘言，然而其他看似具有规范意义的条文，也严重缺乏可操作性。例如《中华人民共和国科学技术进步法》第十七条规定："从事下列活动的，按照国家有关规定享受税收优惠：（一）从事技术开发、技术转让、技术咨询、技术服务。"该条并未明确科技中介具体可以按照国家的哪些规定享受税收优惠，享受何种税收优惠，如果享受不到税收优惠如何进行救济，严重缺乏可操作性。第二十六条规定："国家推动科学技术研究开发与产品、服务标准制定相结合，科学技术研究开发与产品设计、制造相结合；引导科学技术研究开发机构、高等学校、企业共同推进国家重大技术创新产品、服务标准的研究、制定和依法采用。"该条并未明确由哪个部门进行推动和引导，更不要说如何推动和引导。《广东省民营科技企业管理条例》第十五条规定："民营科技企业可向银行、信用社及其他金融机构申请贷款。其所需的特殊生产资料和设施，可向人民政府有关主管部门申请供应。"该条规定民营科技企业可以向金融机构申请贷款，却未规定在申请贷款方面能否享受任何优惠。须知，不论该条是否对民营科技企业申请贷款作出规定，也不影响其申请贷款的行为，也改变不了金融机构批准贷款的条件，那么该条的存在有何意义？该条还规定特殊生产资料和设施可向政府有关主管部门申请供应，却未言明"特殊生产资料和设施"的范围，也未言明应当向哪一个主管部门申请，至于申请材料、申请程序等相关内容则更不明确。《广东省自主创新促进条例》第三十六条规定："科学技术中介服务机构应当将业务范围、执业人员、中介服务情况等基本信息报送地级市以上人民政府科学技术主管部门，并由地级市以上人民政府科学技术主管部门向社会公布。"该条虽然详细规定了科技中介应当上报的基本信息范围，但对科技主管部门应当通过何种途径向社会公布、何时公布、是一次性公布还是周期性公布等均未作规定。《广州市科技创新促进条例》第四十二条规定："市人民政府应当采取有效措施，促进知识产权交易市场发展，完善交易规则与程序，引导科技企业、高等学校、科研机构、科技人才和科技创新服务机构有序参与知识产权交易活动。"该条规定同样未能就如何促进、如何完善、如何引导等进行细化规定。

3. 分类扶持监管体系尚不完善,未能形成相应的专门调整规则

技术转化机构、孵化器和专利代理机构是目前在规范性文件中出现频率最高的科技中介。不论是人大还是政府及相关职能部门,均非常重视这三类科技中介的发展,或在体系化的政策文件中用较大的篇幅对其进行规定,或颁布专门的政策文件,或进行专门立法。就技术转化机构,在国家层面有全国人大颁布的《中华人民共和国促进科技成果转化法》,科技部和中科院联合颁布的《中国科学院关于新时期加快促进科技成果转移转化指导意见》,科技部和教育部联合颁布的《关于加强高等学校科技成果转移转化工作的若干意见》;在省级层面有广东省人大颁布的《广东省促进科技成果转化条例》,广东省政府颁布的《广东省人民政府办公厅关于进一步促进科技成果转移转化的实施意见》,广东省教育厅颁布的《广东省教育厅关于普通高校产学研结合示范基地和科技成果转化项目的管理办法》;在广州市层面有市政府颁布的《广州市促进科技成果转化实施办法》等。就孵化器而言,在国家层面有科技部颁布的《科技企业孵化器认定和管理办法》《国家科技企业孵化器"十三五"发展规划》;在省级层面有科技厅和财政厅联合颁布的《广东省科学技术厅 广东省财政厅关于科技企业孵化器后补助试行办法》,广东省科学技术厅颁布的《关于进一步提升我省科技企业孵化器质量水平的工作方案》;在广州市层面有市政府颁布的《关于促进科技企业孵化器发展的实施意见》,市科技创新委员会颁布的《广州市科技企业孵化器管理办法》;在区级层面还有各区政府颁布的孵化器认定管理办法,如海珠区人民政府颁布的《广州市海珠区科技企业孵化器和创新园区认定与扶持办法》。就专利代理机构,则有国务院颁布的《专利代理条例》,国家知识产权局颁布的《专利代理管理办法》《关于规范专利申请行为的若干规定》《发明专利申请优先审查管理办法》《关于进一步提升专利申请质量的若干意见》,广东省人大颁布的《广东省专利条例》等。

姑且不论这些规范性文件的内容是否完善,至少从数量上看是非常可观的。然而,除了这三类科技中介,为技术交易服务的机构、众创空间等其他

科技中介在规范性文件中出现的频率却非常少，通常只是在体系化的规范性文件中被偶尔提及，更不要说通过专门的规范性文件对其扶持和管理问题进行规定。需要指出的是，这些科技中介在科技活动中能够发挥的作用同样是非常重要的。例如众创空间可以为大量尚处于萌芽阶段的有价值的科技创新构想、计划转入研发阶段提供不可或缺的重要助力，而这些科技创新构想和计划是整个科技活动的源头。又如为技术交易服务的机构能够将技术创新和研发成果推向市场并在市场中扩散，实现科技成果的价值，为整个科技活动划上阶段性句号。然而现行的各类规范性文件却甚少对此二者作出专门的规定。

4. 未能针对科技中介服务的信息不对称问题形成妥当的解决路径

作为知识密集型和信息密集型服务业中的市场主体，科技中介与其客户间的信息不对称程度远远超过了一般的中介服务。不少科技中介作为中介市场中的"经济人"，为了实现自身利益的最大化，往往会利用这种信息不对称获取不正当利益。如前文所述，从事居间、经纪、评估等为技术交易服务的科技中介在交易过程中不披露信息、仅披露部分信息、披露具有误导性的信息，或与交易的其中一方恶意串通，侵害另一方利益；孵化器在申请政府补贴时恶意制造虚假的申报材料和信息；提供科技成果转化服务的科技中介夸大技术转化后的成果销售额、制造虚假的行业评价；专利代理机构对自身的业务能力、资质进行虚假宣传，对专利申请成功率打包票，诱导和唆使申请人伪造虚假证明材料；专利代理人接受委托后未妥当履行忠实义务，向第三方泄露商业秘密、技术参数等信息，未妥当履行勤勉义务等行为，都是源于科技中介与接受服务的客户之间的信息不对称。换言之，信息不对称成为滋生科技中介诸多经营失范行为的根源所在。需要进一步指出的是，由于科技中介在科技活动全流程中扮演了桥梁和枢纽角色，发挥着重要的起承转合作用，其利用信息不对称攫取不正当利益的行为所产生的消极影响绝不仅限于该行业本身，还会波及科技活动的各关联主体以及各环节上的科技活动，甚至会影响到我国经济的健康发展。基于此，我们必须对这个问题予以充分重视并设计出妥当的问题解决路径。然而，纵观现行各类规范性文件，只有很少一部分规范性文件对此作出了规定，而且既有规定也存在这样那样的问题。例如：

在科技成果转化机构方面，《中华人民共和国促进科技成果转化法》第四十八条规定："科技服务机构及其从业人员违反本法规定，故意提供虚假的信息、实验结果或者评估意见等欺骗当事人，或者与当事人一方串通欺骗另一方当事人的，由政府有关部门依照管理职责责令改正，没收违法所得，并处以罚款；情节严重的，由工商行政管理部门依法吊销营业执照。给他人造成经济损失的，依法承担民事赔偿责任；构成犯罪的，依法追究刑事责任。科技中介服务机构及其从业人员违反本法规定泄露国家秘密或者当事人的商业秘密的，依照有关法律、行政法规的规定承担相应的法律责任。"该条规定存在的问题是：其一，将行政处罚的情形限定在欺骗当事人这个方面，未将技术转化机构伪造材料，恶意欺诈上级管理单位的行为列入其中；其二，对于技术转化机构故意欺骗当事人的行为，究竟是由政府哪个部门责令改正，没收违法所得，并处以罚款并不明确；其三，技术转化机构因为重大过失未能提供正确的信息、实验结果或者评估意见时，是否应当承担责任尚未明确；此外，我们还注意到在省级地方性法规层面，与《中华人民共和国促进科技成果转化法》相对应的地方性法规《广东省促进科技成果转化条例》仅仅重复了转化法的规定，而没有针对本省的情况作出特殊规定，更不知因何种缘故废弃了转化法第二款关于"科技中介服务机构及其从业人员应当保守国家秘密或者当事人的商业秘密"的规定。相关规定体现在该条例第四十八条："科技中介服务机构及其从业人员故意提供虚假信息、实验结果或者评估意见等欺骗当事人，或者与当事人一方串通欺骗另一方当事人的，由政府有关部门依照管理职责责令改正，没收违法所得，并处以违法所得一倍以上三倍以下的罚款；没有违法所得的，处以十万元以下的罚款；情节严重的，由工商行政管理部门依法吊销营业执照；构成犯罪的，依法追究刑事责任。"在市级地方性法规层面，广州并未颁布与之相关的地方性法规，也没有颁布其他规范性文件弥补上述规定之不足。

在专利代理机构方面，《专利管理条例》针对信息不对称问题仅罗列了专利代理机构"申请审批时隐瞒真实情况，弄虚作假的"、专利代理人"不履行职责或者不称职以致损害委托人利益的""泄露或者剽窃委托人的发明创造内容的""超越代理权限，损害委托人利益的"四类违法行为。该规定存在的问题是：其一，专利代理机构利用信息不对称实施的经营失范行为并不仅仅限于申请审批环节，在经营环节对自身进行虚假宣传、伪造经营业绩也是较为常见的现象；其二，何为专利代理人不履行职责或者不称职，具体情形有待明确；其三，如果专利代理人泄露的是发明创造内容中无关紧要的内容，或者是非因故意或过失而导致发明创造内容泄露，那么是否也需要受到处罚？

除了科技成果转化机构和专利代理机构，现行规范性文件并未对其他科技中介利用信息不对称实施经营失范行为进行规定，其中就包括了经营失范现象最突出的为技术交易提供服务的科技中介。此类科技中介提供的主要服务包括居间、经纪和评估。以我国合同法为例，该法第十八章"技术交易合同"未对提供交易服务的科技中介的义务和责任作出任何规定。在第二十一章"委托合同"、第二十二章"行纪合同"和第二十三章"居间合同"中，虽然相关法条的规定能够适用于作为受托人、行纪人和居间人时的科技中介，但是这些规定并不是专门针对科技中介制定，而是针对所有提供受托、行纪、居间服务的市场主体。我国合同法上述规定产生的问题包括：其一，合同法分则上述条文根本没有涉及科技中介与交易主体之间的信息不对称问题，对交易主体之间的信息不对称问题也仅是作出了相当简单的规定，[①] 无法对技术交易中的信息不对称问题进行周延调整。《合同法》总则第四十二条[②]虽然可用于解决科技中介与交易主体之间的信息不对称问题，但其内容本身存在着不少问题。首先，在积极欺诈中何为提供虚假情况？是否所有提供虚假情况的行为都属于欺诈？须知在交易中并非所有提供虚假情况以及隐瞒事实的行为都不具有正当性，也不应将这些行为作为欺诈行为处理。过度介入当事人的缔约过程不但会产生巨大的司法成本，而且会导致交易的低效率，甚至是无效率。因此有必要在立法上对合同法干预欺诈的边界进行限

[①] 《中华人民共和国合同法》第345条：专利实施许可合同的让与人应当按照约定许可受让人实施专利，交付实施专利有关的技术资料，提供必要的技术指导。根据该条，在合同没有约定的情况下，让与人根本无须承担交付技术资料，提供技术指导的义务。

[②] 《中华人民共和国合同法》第42条规定，当事人在订立合同过程中故意隐瞒与订立合同有关的重要事实或者提供虚假情况，给对方造成损失的，应当承担损害赔偿责任。

定。其次，何为故意隐瞒？缔约一方对交易某些事项发生了认识错误，相对方虽然知道这个错误，但是单纯地保持沉默的情形是否属于欺诈（被利用的错误）？换句话说，一方的行为与另一方的错误意思表示间是否必须存在因果关系才属于欺诈（被引起的错误）？最后，相比于其他国家的立法，该规定中"重要事实"的界定标准需进一步细化，以便能在交易效率和交易安全间取得恰当平衡。[①]其二，成功的、有效率的技术交易要求科技中介提供的服务质量、服务内容远远高于一般中介。而《合同法》第二十一章、第二十二章和第二十三章的条文作为具有普遍适用效力的一般性规定，无法解决技术交易领域的特殊问题，更无法满足技术交易对于科技中介服务水平的要求。例如基于技术交易活动的知识和信息密集性，应当向科技中介施加严格的信息披露义务，这一点在规范其他市场中介服务行为中则不是必需的。

5. 考核、追责机制不完善甚至缺失

要使以政策为主的规范性文件能够对各级政府及其职能部门真正产生约束力，使文件中的内容转变为现实，必须建立完善的考核、追责机制对规范性文件的落实效果进行跟踪评价。然而，从现行的各类规范性文件内容看，这一点并未得到充分重视。在政策层面：首先，从上文对各级各类政策的梳理和简要介绍可以看出，政策文件的内容一般包括科技中介的发展历程、现状、趋势，政府下一步工作的指导思想、原则、目标，重点任务和政策措施，所形成的政策框架体系是较为完善的，涵盖的内容也较为丰富全面。可是，在应当由哪个机关负责哪项任务等问题上却常常语焉不详，这就使得考核追责机制丧失了得以建立的重要前提条件。其次，在那些明确了任务、政策、措施承担主体的条文中，通常使用"应当""支持""鼓励"等词语作为这些主体承担任务、政策、措施的具体方式，词语含义较为模糊且存在较大弹性，给了承担主体过大的落实空间，极易造成落实效果的偏差甚至扭曲。最后也是最重要的一点是，政策文件一般未对任务、措施是否得到落实，落实的程度如何等作出考核规定，更缺乏对相关职能部门在未能妥当落实任务的情况下应当追究何种责任的规定。这就无法对承担主体积极落实任

[①] 张铣：《缔约中的信息困境、欺诈与私法干预》，《华南师范大学学报》（社会科学版）2017年第4期。

务、政策、措施施加足够的压力,进而使落实效果大打折扣。以税收优惠政策为例,由于考核追责机制的缺失,并没有落到实处。在法律法规层面,虽然一般有"法律责任"部分的规定,但这些规定也存在不少问题:其一,法律责任的相关规定一般数量较少且较为简单,未能与该法律法规设定的法定义务形成对应关系,使得不少法定义务因为缺乏责任后果而被架空。如《专利代理条例》仅规定了三条罚则。其二,法律责任多针对的是行政相对人,很少针对政府职能部门。其三,行政处罚在种类和数额上幅度较大,为行政机关行使相关行政权力留下了过大的空间。其四,一般不涉及对行政机关政策、任务、措施落实情况的考核,在考核基础上的追责更是无从说起。

6. 忽略行业协会在科技中介管理中的重要作用

目前,不少科技中介均没有对应的政府职能部门对其进行监管。即便是那些有政府职能部门进行监管的科技中介也常常由于考核、追责机制的不完善,人手不足等原因,导致监管工作没有落实到位或流于形式。除此以外,由于科技中介提供的服务知识密集化程度高,专业性较强等客观原因,政府职能部门在监管过程中也常常感到捉襟见肘。从国外对科技中介的监管经验看,可以通过针对不同类型的科技中介分别引导设立不同的行业协会,由其分担职能部门的管理重任。相比于政府监管,由行业协会承担监管职责,不但在监管所需信息的搜集方面更及时和全面,可以实现更好的监管效果,而且与我国"小政府,大社会"的长远发展和建设目标也是相符的。

然则,从现行各类规范性文件内容看,建立和培育行业协会并没有成为政府工作的重要内容。大部分规范性文件根本连行业协会的概念也未曾提及。即便是那些有提及行业协会的规范性文件,在多数情况下也是简简单单的一句话就轻描淡写地带过了,未作为重要的阐述对象。例如《国务院关于加快科技服务业发展的若干意见》的规定为:"加快转变政府职能,充分发挥产业技术联盟、行业协会等社会组织在推动科技服务业发展中的作用。"该条规定既未明确转变政府职能与发挥行业协会作用之间的关系,也未能阐明行业协会能够发挥哪些作用。那些对行业协会建设阐述相对较多的少数规范性文件中,也仅仅述及了行业协会应如何促进、推动科技中介发展,并未涉及行业协会自治权和管理权等重要问题。例如,科技部颁布的《关于大力发展科技中介机构的意见》规定："建立健全各类科技中介行业协会，是加强政府指导、完善科技中介管理体制的重要环节。各地方要以促进科技中介机构的规范、健康发展为宗旨，以会员制为主要形式，按照自愿、平等的原则组建各类科技中介行业协会，组织开展同业交流、跨行业协作和市场开拓活动，建立科学、民主的决策程序和行之有效的自我管理、共同发展模式。"该规定存在的问题是并未明确行业协会应当对哪些事项进行管理，以及是否享有独立的管理职权。相比于科技部的规定，广州在孵化器方面的专项政策文件则规定得较为详细。如《广州市人民政府办公厅关于促进科技企业孵化器发展的实施意见》规定："支持孵化器行业协会和有关协会团体发展，充分发挥行业协会和有关协会团体在国际交流与合作，全球人才与技术引进，孵化器间交流、合作、资源共享和良性竞争等方面的桥梁纽带作用。鼓励通过孵化器行业协会促进各孵化器公共服务平台资源的整合和共享，推动形成全市统一的创新创业公共服务网络。孵化器行业协会要积极协助配合政府部门开展包括但不限于孵化器准入、市级孵化器认定、评价考核和创业导师认定等方面工作。与孵化器相关的政府服务可按有关规定委托孵化器行业协会提供。"该条规定充分明确了孵化器行业协会应在"孵化器准入、市级孵化器认定、评价考核和创业导师认定"方面配合政府部门开展工作。不过，行业协会的作用也仅限于配合，而不是实际享有上述事务的管理职权。此外还须注意到的是，该规定只是针对孵化器，广州现行的规范性文件并未针对其他类型的科技中介行业协会作出如此详细的阐述。

由于政府职能部门不愿意将管理职权授予行业协会，相关法律法规亦缺乏关于行业协会管理职权的规定，行业协会基本上无法对其会员进行管理。这一点与广州市各类科技中介行业协会的运营现状是相符的。这些行业协会大多是由各类科技中介自发组成的，其成立的目的主要是为了加强成员间的联系，拓展业务，而非进行行业管理。在管理上，行业协会所仅能采取的惩戒措施是公示存在经营失范行为的成员名单，如广州市专利代理机构行业协会。可是，就连公示存在经营失范行为的成员名单这种较为简单、易行的管理行为在广州也不多见。在我们的调研中，除了广州市专利代理机构行业协会，没有发现其他行业协会也实施了类似的管理行为。

7. 部分扶持政策未能真正惠及科技中介

当前，与科技中介直接或间接相关的扶持政策不可谓不多，但如果仔细研究其中的内容，就能够发现大部分政策并没有能够真正惠及科技中介，更未能充分解决科技中介发展中所遇到的问题。以科技中介从业人员水平有限，复合型、专业型人才严重缺乏这一问题为例，从规范性文件的表面内容看，中央到广州的各类规范性文件对于如何加强人才培养作出了大量的规定，如《国务院关于加快科技服务业发展的若干意见》规定："面向科技服务业发展需求，完善学历教育和职业培训体系，支持高校调整相关专业设置，加强对科技服务业从业人员的培养培训。积极利用各类人才计划，引进和培养一批懂技术、懂市场、懂管理的复合型科技服务高端人才。依托科协组织、行业协会，开展科技服务人才专业技术培训，提高从业人员的专业素质和能力水平。完善科技服务业人才评价体系，健全职业资格制度，调动高校、科研院所、企业等各类人才在科技服务领域创业创新的积极性。"广东省除了大力加强本土人才培养方面的工作以外，还投入大量政府资金用于人才引进，如根据《2016年"珠江人才计划"海外青年人才引进计划》，对领军人才财政补贴额度达到每名600万元。对创新创业团队，如果是技术研发产业化类，按其档次分为第一档次：世界一流，资助8000万元；第二档次：国内顶尖、世界先进，资助3000万～5000万元；第三档次：国内先进，资助1000万～2000万元。如果是应用基础类，则定额资助2000万元。就博士后研究方面，对每位进站博士后资助60万元。广州为扫清人才引进的障碍，在此基础上于《广州市人民政府关于加快科技创新的若干政策意见》中进一步提出："完善高层次和急需专业技术人才居住和购车保障政策。高层次和急需专业技术人才购买商品房不受户籍限制，购车申请指标不受户籍限制。高层次人才安居可以采取货币补贴或实物出租等方式解决。支持区（县级市）政府在引进人才相对集中的地区统一建设人才周转公寓或购买商品房出租给在广州无房的高层次人才居住。支持高等学校和科研院所参照所在地政府有关规定，利用自有存量国有建设用地建设租赁型人才周转公寓。支持高等学校、科研院所和大型骨干企业利用自有资金购买或租用商品房出租给高层次人才居住。具体实施办法由市府研究室会同市人力资源和社会保障局、住房和城乡建设委、科技创新委、国土资源和规划委、交委另行制定。"

从上述规范性文件的内容看,应当说不论在科技服务业人才培养还是人才引进方面,各级政府都是相当重视并且出台了相对完善的政策措施。在此情况下,为什么广州科技中介仍然存在严重的"人才荒"?首先,就《国务院关于加快科技服务业发展的若干意见》而言,其针对的是整体科技服务业提出的人才培养宏观政策。根据我国对科技服务业的行业分类,科技服务业除了科技中介,还包括了大量的科研机构,而且后者才是整个行业中数量最多、最受各级政府重视的扶持对象。因此,在国家层面的政策没有明确对科技中介人才进行重点培养的情况下,地方上仍会将人才培养的重心放在科研机构人才培养上。其次,就《2016年"珠江人才计划"海外青年人才引进计划》而言,所资助的对象是科技创新创业人才和团队。他们是科技活动的关联主体,是科技中介提供服务的对象,而不是科技中介。在该计划的引才重点中明确,主要引进的是"围绕高端新型电子信息、半导体照明(LED)、新能源汽车、生物、高端装备制造、节能环保、新能源、新材料等战略性新兴产业以及传统优势产业,重点引进在计算机与通信集成芯片、移动互联网关键技术与器件、云计算与大数据管理技术、新型印刷显示与材料、可见光通信技术和标准光组件及器件、智能机器人、新能源汽车电池与动力系统、干细胞与组织工程、增材制造(3D打印)等领域取得先进创新成果或拥有自主知识产权、可实现核心关键共性技术突破或产业化前景广阔的团队和领军人才"。最后,科技中介所需的人才与引才计划拟重点引入的人才在类型上相去甚远。就《广州市人民政府关于加快科技创新的若干政策意见》而言,主要也是为各类科研机构引进科研创新人才扫清障碍,丝毫未提及科技中介人才引进的问题。通过上述分析,科技中介出现"人才荒"的原因就显而易见了,即政府政策未能够真正地指向科技中介,而指向的是科技活动的关联主体。

8. 重扶持而轻监管问题较为突出,监管机制不完善

扶持和监管是政府在推动一个行业的发展过程中需要同时着力的两个方面。如果只重视扶持而忽视监管,不但会滋生大量钻政策空子、占政策便宜的投机行为,而且会导致行业无序竞争、政府财政资金浪费等严重问题。如果只重视监管而忽视扶持，则难以提高行业的发展速度并且会压缩市场自由发展和竞争的空间。因此，扶持和监管实质上是硬币的两面，缺一不可。只有二者能够同时得到有力的贯彻和执行，整个行业才能实现健康、有序的发展。

现行与科技中介有关的各类规范性文件，将扶持作为政府工作的主要内容，确实促进了科技中介的发展，这是非常值得肯定的。然而，政府在加强行业扶持的同时，却不太重视行业监管工作。首先，各类科技中介应由哪个主体进行监管并不明确。目前在这一点上较为明确的是专利代理机构，其监管主体为国家知识产权局。除此之外，规范性文件对孵化器、众创空间、技术交易居间、行纪、评估、技术转化机构、咨询服务机构等均未充分明确履行监管职责的政府部门。其次，法律法规不但数量少，而且也未能周延地针对科技中介承担的义务设定相应的行政处罚责任。依据《中华人民共和国立法法》的规定，罚款、责令停产停业、吊销资格和执照等有威慑力的行政处罚行为只能由法律法规作出，然则，目前除了针对专利代理机构和专利代理人方面有《专利代理条例》以外，并没有专门针对其他类型科技中介的法律法规。现行的《中华人民共和国科学技术进步法》《中华人民共和国中小企业促进法》《中华人民共和国促进科技成果转化法》等法律均不是主要针对科技中介展开，因此在科技中介监管问题上无法实现针对性和周延性。再次，政策类规范性文件对监管问题着墨过少，除了未能充分明确监管主体以外，在监管方法、监管措施等问题上大都语焉不详，更不要说监管创新。最后，具有市场一般监管职能或者按照政府职能划分对科技中介应当行使监管职能的政府部门未能妥当履行其监管职责。

正是因为各种规范性文件重扶持而轻监管，导致广州科技中介出现了较为严重的经营失范现象。以前文提到的广州孵化器的运营状况为例，在政府加大对孵化器扶持力度，却未能同步辅之以必要监管措施的情况下，不少孵化器都忙着为获得政府补贴而挖空心思制作各种申报材料，而不是对自身发展进行长远规划。重扶持轻监管的规范性文件既浪费了有限的财政资金，又无法为孵化器的良性发展提供正向激励，实应尽快得到纠正。

第四章

科技中介功能完善和规范运营的国外制度与经验考察

在寻求科技中介功能缺失和运营失范问题解决对策的过程中,除了需要结合科技中介的运营现状、科技经济发展的环境等因素以外,向国外科技中介运营较好的国家借鉴扶持和监管经验、制度,能够减少盲目探索带来的成本支出,避免失败的风险,并能够较快地实现令人满意的改革完善效果。基于此,本章将以比较法研究为视角,对国外的成熟制度和成功经验进行考察,以之为问题解决对策的形成提供有益的参考。

第一节 解决信息不对称问题的制度经验
——先合同信息披露义务

信息不对称是科技中介服务固有的特点,也是其运营失范问题的主要成因。那么发达国家是如何解决科技中介服务中的信息不对称问题呢?从美、法、德三国的经验看,在立法上设立先合同信息披露法律义务是解决这个问题的有效途径。这个义务所主要解决的是在合同缔约阶段,拥有某种信息的一方当事人是否应当以及如何向对方披露该信息的问题。在比较法上,先合同信息披露义务的建构需要考虑如下几个方面。①

（一）美国法上的先合同信息披露义务

谈及美国法上的先合同信息披露义务，不得不提到美国的两部法律重述《合同法第二次重述》和《侵权法第二次重述》。虽然法律重述在美国并不是正式的法律渊源，但却是对诸多判例的高度概括和总结，因此在法院对相关案件进行裁判时被作为重要的裁判依据，其在美国法上的实质地位和效力甚至超过了成文法。

1.《合同法第二次重述》上的先合同信息披露义务

《合同法第二次重述》第161条规定：仅是在下列情况中，一方当事人不披露他所知道的事实的行为等于该事实并不存在的陈述。

"（1）如果他知道对某个事实的披露能够避免以前的陈述变成不实陈述或者避免以前的陈述变成欺诈性的或者重要的。

（2）如果他知道对于某个事实的披露能够纠正一方当事人对于订立合同的基本假定上的错误，并且不披露该事实的行为等于没有按照诚信要求或者没有依照公平交易的合理标准为一定行为。

（3）如果他知道对于某个事实的披露能够纠正另一方当事人对于书写内容和效力的错误，不论所书写的东西是整体还是部分被纳入协议抑或是作为协议的证明。

（4）如果其他方当事人因为他们之间的信托或者信赖关系有权知晓相关事实。"

根据该条规定，拥有相关信息的合同缔结方在如下情况中应当承担披露义务：①如果一方有在先陈述的情况下，该陈述为不实陈述或因情势变迁变为不实陈述，那么就需要披露相关信息以纠正该陈述；②如果一方知晓另一方因为缺乏自己掌握的某种信息而陷入错误，而且按照诚信或公平的要求应

---

① 从比较法的现状看，包括美、德、法在内的发达国家在应如何向作为非合同当事人的科技中介施加披露义务的问题上，多参照作为合同当事人的信息占有方应承担披露义务的情形和构成要件进行处理，较少直接针对科技中介的信息披露义务进行专门和系统立法，因此本章在比较法考察上，重点对作为合同当事人的信息占有方承担的披露义务进行考察，以系统呈现发达国家先合同信息披露法律制度全貌。详细内容参见张铣《先合同信息披露法律制度研究》，法律出版社2015年版第70－98页。

当披露该信息，那么掌握该信息的一方就需要承担披露义务。③如果缔约双方的关系非常密切并产生了信赖，同样需要承担披露义务。

2.《侵权法第二次重述》上的先合同信息披露义务

《侵权法第二次重述》第551条亦规定了一方当事人在什么情况下应当负有披露义务：

"（1）仅是在一方对于另一方负有披露系争事项的合理注意义务的情况下，该方没有披露相关事项会合理引诱另一方在交易中为或不为某一行为的责任等同于他向对方做出了该事项并不存在的陈述。

（2）交易的一方当事人在下列情况下应当在交易完成前对对方负有践行合理注意以披露相关事情的义务：

（a）该方所知道的，而另一方基于在当事人之间存在信托或者其他相似信赖关系而有权知道的事情；以及

（b）该方所知道的事情并且他还知道披露能防止他对于相关事情的部分陈述或者模糊陈述产生误导；以及

（c）该方依据其后来获取的信息知道以前作出的陈述是不真实的或者是误导性的，而以前作出的陈述在其作出时是真实的或者该方认为它是真实的；以及

（d）该方并不期望其作出的虚假陈述被作为对方行为的信赖基础，而后来他知道对方正是因为信赖该陈述与他进行交易；以及

（e）如果该方知道另一方由于对于交易的基本事实发生错误，并且另一方由于他们之间的信赖关系、交易惯例或者其他客观情形，能合理期待对这些事实的披露。"

《侵权法第二次重述》第551条的范围比《合同法第二次重述》第161条要广一些，特别是"合理注意义务"的提法实际上为法官基于诚信和公平向信息拥有方施加披露义务提供了非常具有弹性的空间。

3. 判例法上先合同信息披露义务的新发展

近年来，在两部法律重述的基础上，判例法对先合同信息披露义务有了新的发展。根据判例，如果缔结合同的双方当事人在获取信息手段和实际地位不平等的情况下，那么拥有信息优势的一方很可能就要因此承担披露义

务。优势信息中的典型为隐含瑕疵信息,即交易标的物存在着难以从外部观察获知且可能减损其价值的瑕疵。除了隐含瑕疵,有些只被一方所占有的重要信息虽然不能视作是隐含瑕疵,但也可能被纳入披露范围。在这一点上,以前的判例一般认为只要知悉方没有妨碍对方对这些信息进行调查或者没有对对方进行误导,那么他对于这类信息就有权保持沉默,但是现在的判例趋势是只要当事人间存在信息获取途径或手段的不平等,并形成了一方占有该信息而另一方对此难以知悉的情形,那么法院就会向信息拥有方施加披露义务。

当然,即便在上述情况中信息拥有方也不是必须承担披露义务,信息非拥有方需要向法院证明自己对相关事项进行了合理的调查。不过在调查是否满足合理性要求这一问题上,近年来的判例也逐渐降低了要求。即信息非拥有方只要履行了一般性的、表面上的调查义务即可,而不包括聘请专业的第三方对相关事项进行调查。

(二)法国法上的先合同信息披露义务

在大陆法系中,法国是先合同信息披露义务的坚定支持者。法院在交易双方存在信息不对称的状况时,通常倾向于向信息拥有方施加披露义务。法国法上的披露义务主要有两方面成文法依据:

1. 先合同信息披露义务的渊源之一——同意瑕疵规则

《法国民法典》中关于合同有效要件的规定为法院施加披露义务提供了主要依据。《法国民法典》第1108条规定,合同有效成立应具备四项根本条件:①债务人的同意;②该债务人具有订立契约的能力;③构成义务承诺内容的标的具有确定性;④债包含合法原因。法院施加披露义务的主要理由在于,因为合同的有效成立需要当事人无瑕疵的同意,如果一方因为没有拥有某种信息而发生了错误,且该信息又被相对方所掌握,那么其同意就有了瑕疵。在此情况下,根据该法典第1109条规定:如果同意是因为错误,或者因为受胁迫,或者因为欺诈而导致,则该同意是无效的。第1110条规定:只有涉及契约标的物的实质的错误才构成契约无效之原因。第1116条规定:如果一方当事人不使用欺骗手段,那么另一方当事人不会与该方订立契约,在这种情况下的欺诈构成契约无效的原因。欺诈不得推定，而应予证明。法院通常是使用上述合同无效原因中的错误和欺诈作为要求当事人进行披露的依据。但是在适用这两个条文时，存在一定的区别。在适用有关"错误"的条文时，所谓对"契约标的物的实质"发生错误，不仅仅是指对"组成契约标的物的材料、物质"发生错误，而且更一般地是指当事人订立契约时所考虑到的标的物的主要质量有关的一切（例如，标的物的真实性、来源、用途等）。[①] 也就是说错误必须与合同标的物有关（包括合同标的之权利性质，值得指出的是法国法上对于与标的物有关这个要求的适用范围也呈扩张趋势），而且在审理案件中只会考虑错误方当事人的意识状态，也即考虑的是各个具体的案件中错误方当事人对标的物的本质的主观性解释（这是法国学界的通说）[②]；而如果适用的是"欺诈"要求当事人进行披露，那么就必须证明欺诈方当事人存在欺诈意图。[③] 法国法上的判例还进一步表明，这种沉默性欺诈还可以因为被欺诈方不可能或者难以了解合同的某一有关事实的情况下而构成，这一般发生于合同当事人间的专业能力存在差别的场合，[④] 但是适用"欺诈"条文时原告所主张的被欺诈的事由可以与合同标的物无关。此外，在部分案件中，法院还会适用《法国民法典》1643条关于隐含瑕疵的规定以审视当事人的披露义务是否被适当、完全履行。因此，该条规定也成为《法国民法典》除同意瑕疵规则外披露义务的辅助依据。[⑤]

2. 先合同信息披露义务的渊源之二——缔约过失责任条款

《法国民法典》第1382条："行为人的行为给他人造成损害并且该行为具有过错时，他有义务赔偿因其行为造成的损失。"该条虽然是关于一般侵权行为构成要件的规定，但法国法院在审理缔约过失责任纠纷时也将其作为主要的裁判依据。法院在审理这类纠纷时，通常需要首先对一方当事人或双方是否属于专业当事人进行认定。如果法院认定在系争纠纷中，只有一方当事人属于专业当事人，而其未披露的信息又不是属于一般市场主体通过一般

---

① 《法国民法典》（下册），罗结珍译，法律出版社，2005年，第793页。
② 尹田：《法国现代合同法》，法律出版社，1995年，第73页。
③ 《法国民法典》（下册），罗结珍译，法律出版社，2005年，第800－804页。
④ 尹田：《法国现代合同法》，法律出版社，1995年，第87－88页。
⑤ 张铣：《先合同信息披露法律制度研究》，法律出版社，2015年，第48－49页。

调查手段就能够获知的信息,那么专业当事人未披露信息的行为就会被认为是存在过错并因此需要承担相应的赔偿责任。值得注意的是,在一些判例中,一旦某一方当事人被认定为专业当事人,在其没有拥有相关信息并且该信息的缺失导致了非专业当事人的另一方发生错误时,专业当事人也要因此而承担责任。如果法院认定交易的双方均为专业当事人或者均不为专业当事人,那么就不会依据该条之规定向信息拥有方施加披露义务。

3. 先合同信息披露义务的具体要件

(1) 应当披露的信息范围。

应当披露的信息须具有如下三方面性质:其一,该信息与当事人的义务或合同标的物有关;其二,该信息是当事人作出缔约决策的重要依据;其三,交易外部环境信息不属于披露的范围。

(2) 披露义务的双方当事人。

缔结合同的一方当事人未拥有相关信息是施加披露义务的当然前提。此外,该方还需要向法院证明,其不拥有信息的状态是合理的,包括基于对对方的信赖而未进行调查、因为对方的欺诈而未能予以查证、没有调查获知相关信息的能力。其中,在信赖的认定上,法院主要会考虑三个方面:①合同的性质;②相对方的身份和资质;③相对方对自己提供的信息的纠正。①

通常情况下,被施加披露义务的当事人必须拥有相关信息。然则如前文所述,如果合同双方中只有一方被法院认定为专业当事人,那么该方仍然需要对未披露自己没有掌握的信息而承担责任。这就迫使专业当事人在合同的缔约磋商过程中,应当充分、恰当地发挥自己的专业优势,尽可能地搜集会影响另一方缔约决定的重要信息并告知该方。

(三) 德国法上的先合同信息披露义务

近年来,德国法院经历了从开始接纳先合同信息披露义务到如今在案件审理中广泛适用该义务的过程。在立法上,有三个方面的制度为先合同信息披露义务提供了栖身之地。

---

① Jacques Ghestin, "The Pre-contractual Obligation to Disclose Information-French Report", in Donald Harris and Dens Tallon, eds., *Contract Law today: Anglo-French Comparisons*, Oxford: Claredon Press, 1989.

1. 隐瞒性欺诈中的先合同信息披露义务

在德国法上,欺诈的构成要件包括:(1)行为人主观上有欺诈的故意,即希望通过自己的行为引起对方对某个事项发生错误;(2)须将主观上的欺诈故意转化为客观上的欺诈行为;(3)相对人因为该欺诈行为作出了错误的意思表示;(4)相对人因此受有损失。除了上述构成要件,德国法院普遍认为,欺诈一般需要通过积极行为作出,消极沉默只有在沉默方负有披露义务而未进行披露时才能构成欺诈。那么,沉默方在何种情况下需要负有披露义务?除了成文法有明确规定以外,如果沉默方的消极沉默行为违背了《德国民法典》第242条规定,即违反了德国法上的诚实信用原则,那么法院通常会认为其应当承担披露义务。

2. 瑕疵担保责任中的先合同信息披露义务

在德国旧债法上,瑕疵担保责任分为权利瑕疵和物的瑕疵,不过自德国新债法在2002年进行修订以后,这两种瑕疵担保在法律后果方面得到了统一。根据现行《德国民法典》第434条的规定,瑕疵担保中的瑕疵主要分为主观和客观两种。就主观瑕疵而言,只要"该物适合于合同所预定的使用目的",那么就不存在此类瑕疵。虽然该条规定的条文没有直接提出主观瑕疵的概念,但由于合同是当事人合意的产物,合同所预定的使用目的即是指当事人合意设定的目的。因此该条实质上可以细化解释为,如果该物不适合于当事人合意设定的使用目的,那么主观瑕疵便是存在的。根据该条,如果一方当事人不希望承担主观瑕疵的担保责任,那么他可以通过向相对方披露相关信息,纠正后者的错误预期,使双方在信息对称的基础上达成新的合意。就客观瑕疵,第434条规定了不存在该类瑕疵的认定标准:"在其他情况下,该物适合于通常的使用,且具有同种的物通常具有的、买受人能够按物的种类而预期的性质。"[①] 与主观瑕疵的规定相类似的是,该条也并未提及客观瑕疵的概念,而是通过"通常的使用""同种的物""通常具有""物的种类而预期"等词语的使用,直接阐明了客观瑕疵的具体认定要素。该条同时还规定,如果出让人对标的物的特殊状况作出了公开披露,那么买受人就不能按

---

① 《德国民法典》,陈卫佐译注,法律出版社,2006年,第151页。

照通常的标准形成对物的预期,而应当根据披露出来的信息修正自己的预期。在如下三种情况中,即便出让人没有作出公开披露,交易标的物的特殊状况也不构成客观瑕疵:(1)出让人在合同签订前单独向受让人进行了披露;(2)受让人的交易决定并不取决于出让人是否作出了陈述;(3)出让人不知道且不应当知道该特殊状况的存在。从《德国民法典》第434条的规定不难看出,不论是对于主观瑕疵还是客观瑕疵,信息披露均是出让人摆脱瑕疵担保责任的重要途径。

3. 缔约过失责任中的先合同信息披露义务

《德国民法典》上的缔约过失责任是一个弹性相当大的先合同制度。在德国法院的扩张适用下,其调整的范围实质上已经远远超出了立法者当初的设计。先合同信息披露义务作为缔约阶段的重要义务类型,也被德国法院纳入了缔约过失责任的涵盖范围,并体现为如实陈述义务以及告知义务。就如实陈述义务而言,当事人如果违反了该义务则构成了不实陈述,根据德国联邦最高法院的相关判例,不实陈述有两个构成要件:(1)陈述人知道或者应当知道其陈述具有误导性;(2)该不实陈述影响到了交易基础。[①] 就告知义务而言,如果信息占有方未告知那些会对缔约决策,或者合同重要条款产生重要影响的信息,而根据交易的具体情势和诚信原则的要求,信息非占有方是应当知晓该信息的,那么信息占有方就有告知该信息的义务。

第二节 理顺经营失范乱象的重要途径
——行业协会自治权的实现

发达国家治理科技中介经营失范问题的经验表明,通过行业协会对科技中介进行管理是一条行之有效的重要途径,特别是在对各种各样的科技中介进行分类管理方面,行业协会的设立可以极大提升分类管理的效率。所谓行业协会,是指由公民、法人或其他组织在自觉自愿的基础上组建的社会经济团体组织,在性质上属于社会中介组织和自律性行业管理组织,主要在所属

[①] Markesinis, S. Basil, Unberath Hannes, Johston Angus, *The German law of Contract: A Comparative Treatise* (*Second Edition*), Oxford: Hart Publishing, 2006.

行业内发挥着自我协调、自我约束、自我管理的功能。行业协会自治权，则指的是行业协会根据协会成员的授权，制定规则并将这些规则在成员授权范围内强制实施的权利。[①] 行业协会是一国社会、经济发展到一定阶段的产物。为了保护协会成员的合法权益，增进成员的共同利益，维护行业的健康发展，行业协会必须享有一定的自治权，以对内实施有效管理，对外维护权益及反映诉求。特别是在对内进行管理这个层面上，自治权具有了一定的"权力"性质，而非仅仅是权利。在行业协会自治权的实现上，不同的国家由于在行业协会的性质、管理体制等方面存在差异，因此具体路径也不同。

（一）行业协会自治权实现的域外考察

1. 美国行业协会自治权

美国是奉行经济自由主义的国家，政府作为维护市场秩序的守夜人，在一般情况下不会对市场进行干预，而是主要依靠市场规律进行调节。与此相对应的，美国各行业协会也主要由行业内的各个企业依据宪法赋予的结社权，通过彼此间订立协议自发组建，而非依据法律或者行政机关的授权。因此，行业协会运营资金亦主要来自于成员缴纳的会费。[②] 在美国，对行业协会实施监管的法律规定并不多，政府依据这些法律对行业协会的管理主要体现在四个方面：（1）在注册程序上，行业协会与普通公司只有一项不同，即需声明注册的是营利还是非营利组织；（2）税务部门的常规性财务审计；（3）对参与政治（主要指影响议会立法和政治选举）的经费的监管；（4）对行业协会的章程进行审查，尤其是对限制竞争行为方面的审查较为严格。[③] 除此以外与行业协会有关的法律主要是对其税收和费用方面的减免规定。虽然从表面上看，美国行业协会受到的政府监督较少，但我们不能忽略的是来自民间的监督力量。在美国，普通美国公民有权向税务机关了解任何一个行业协会的财务和缴税情况，由此形成了强大的社会监督力量。

---

① 鲁篱：《行业协会经济自治权研究》，法律出版社，2003年，第106页。
② 朱根发：《美国行业协会运作特点及对我国的启示》，《现代商贸工业》2004年第4期。
③ 中国社会组织编辑部：《民间性质、市场运作、政府免税支持的美国行业协会》，《中国社会组织》2014年第17期。

美国的行业协会在充分享有自治权的基础上，发挥着如下四项功能：（1）行业自律。在成员出现不当行为或成员间发生纠纷时，司法并不是唯一的处理解决途径，行业协会介入其中予以处理和解决也不在少数，这与美国行业协会享有的高度自治权密切相关。在出现上述问题时，行业协会能够行使取消会员资格、向法院起诉等权利，部分行业协会甚至享有法律赋予的行业禁入等处罚权，这就进一步提高了行业协会进行行业管理的效率。（2）信息搜集与提供。美国的行业协会信息渠道较为丰富，能够搜集包括市场、技术、社会和政治情报等各类信息并将搜集获得的信息提供给协会的会员。（3）综合协调。美国的行业协会有权代表行业成员，与政府、政府下辖的职能部门、司法机关、社会公众就有关该行业的事项进行沟通协调。例如向政府反映行业的整体发展情况、存在的问题和制度需求，向社会公众推广行业产品等。（4）扶持行业成员的发展。行业协会通过在职培训、促进成员间合作、技术支持等手段促进行业成员的快速发展。①

2. 德国行业协会的自治权

德国是奉行政府积极干预市场政策的国家。在这种经济干预主义思想的影响下，德国行业协会在形成模式上与美国行业协会自发成立的形成模式产生了差异。与美国政府放任行业协会自由发展的立场不同，德国政府在行业协会成立、运营等方面发挥着非常重要的作用。正是由于这个原因，德国的行业协会被划分为两种类型：公法协会组织和私法协会组织。公法协会组织又被称为商会，虽然它不属于政府的组成部门，但却行使着部分原本由政府职能部门行使的职权，因此享有公法人的主体资格。私法协会组织是由其成员自发成立，只要按照行业协会和民事方面的法律规定进行登记，就能获得主体资格。私法协会组织主要存在的目的是为了增进成员的利益，而非行使行政职权。

不论是公法协会组织还是私法协会组织，都要受到法律严格的管束。特别是公法协会组织，《德国工商会法》对该类行业协会的性质、成立条件、权利和义务、章程内容等方面均作出了非常细致的规定。私法协会组织则主

---

① 张仁峰：《美国行业协会考察与借鉴》，《宏观经济管理》2005年第9期。

要受到《社团法》的约束。① 在政府监管方面，公法协会组织亦是政府的主要监管对象。由于此类协会组织所享有的行政职权并非来自于政府部门的授权，而是来自于成文法的规定，因此政府一般仅对其行使相关职权是否符合法律的规定方面进行监管，在法律规定的职权范围内的事情则主要是由公法协会组织通过其章程实施自我管理。政府职能部门无权对章程有关此方面的规定进行干预。在行业协会职能上，公法协会组织针对其成员具有管理和惩罚职能，包括职业人员的惩戒管辖，制定职业教育的标准和组织职业资格考试等。私法协会组织的主要职能是在协会自治的框架内代表经济利益。② 此外，行业标准的制定和实施、资质认证、产地证明、纠纷仲裁等也都由行业协会行使。③ 在经费来源方面，德国行业协会主要通过两种途径获取运营所需要的费用：行业成员按照营业收入的一定比例缴纳的会费和协会通过提供信息、咨询、职业培训等有偿服务收取的服务费。④

3. 日本行业协会的自治权

日本的行业协会是二战以后发展起来的。在其发展之初，主要是由日本企业自发组织成立。后来政府为了扶持行业协会的发展，一方面开始成立一些官方性质的行业协会，另一方面对企业自发组建的行业协会进行发展指导，并对通过政府审批的行业协会提供税收优惠。立法机关也开始制定有关行业协会的法律，如《商工会议所法》《中小企业协会法》等。在政府的扶持下，日本的行业协会发展迅速，目前日本约有上万个全国性以及地方性行业协会，主要可分为三类：①独立行政法人和特殊法人，主要是根据日本的法律、经济政策或某种发展目标而设立的机构。它们在业务上接受政府的直接或间接领导，并由政府提供全部或部分运营经费，如日本贸易振兴机构。②作为社团法人的工业会或协会，主要是由若干企业共同申请，政府职能部门批准设立，如日本钢铁联盟、日本矿业协会、日本造船工业会等。③任意

---

① 商务部产业损害调查局赴欧洲考察团：《德国、瑞典、芬兰三国行业协会发展的经验值得借鉴》，《商场现代化》2013年第32期。
② 京民：《德国行业协会的职能和框架》，《中国社会报》2002年9月26日。
③ 翟鸿祥：《行业协会发展理论与实践》，经济科学出版社，2003年，第177页。
④ 刘茵静、方敏：《我国行业协会的自养之路——关于借鉴德国行业协会模式的思考》，《理论观察》2004年第1期。

团体（或称任意法人），即区域性的小型同业工会或行会主要由一定区域内的中小型企业自发组织建立，只要规模不是特别大，均无需向政府职能部门备案。①

与政府联系密切是日本行业协会的一个重要特点。由于日本政府不对企业进行直接管理，而将管理事宜交由行业协会，所以政府除了要求职能部门必须与行业协会保持固定联系，由后者向行业内的企业转递政府产业信息、政策信息以外，还经常在其举行的恳谈会、审议会和座谈会中邀请行业协会参与，甚至将一部分行政职能交由行业协会行使。尽管政府与行业协会二者之间联系紧密，但彼此之间却相对独立。政府并不干预行业协会日常运营的细节，而只是从宏观调控的角度，运用法律、税率、金融手段，对行业协会的发展进行引导。② 由于政府赋予了行业协会极大的自治空间，因此行业协会能够行使非常广泛的职能，主要包括行业管理，制定行业标准、产品规格，对政府政策法令的制定和修改提出建议和意见等。

（二）行业协会自治权的重要内容——社团罚

行业管理是行业协会自治权的重要权能。要进行有效的行业管理，行业协会仅通过正面引导扶持协会成员是不够的，更需要的是能够对违反行业协会章程的成员进行惩罚，以树立起自身的权威，震慑成员的不当行为。这种惩罚手段在法学上被称为"社团罚"。学界关于社团罚的性质颇有争议，如王泽鉴认为，社团罚的依据是社团章程，而社团章程则来自于成员的合意，具有契约的性质。社团成员违反社团章程相当于构成了违约，故社团罚应属于违约责任，在惩罚类型上包括诸如开除、停权、罚款、不许使用社团设施等。③ 此外，也有学者将社团罚界定为行政处罚、纪律罚。尽管于理论界存在争议，但于实务上社团罚已经在比较法上成为一种实然的制度。

在比较法上，社团罚制度主要包括如下内容：首先，章程必须明确处罚事项、处罚后果。通过在成员间公示章程，使成员清晰地明白何种情况下构

---

① 乐绍延：《日本行业协会的能量》，《瞭望》2006 年第 29 期。
② 张潇雨、曹庆萍：《日本行业协会发展历程研究》，《中国集体经济》2006 年第 29 期。
③ 王泽鉴：《民法总则》，中国政法大学出版社，2001 年，第 191 - 192 页。

成对社团纪律的违反以及应当承担何种责任。其次，社团罚一般须由特定的机构按照既定的程序予以实施。如在德国，一些大的社团往往会成立专门的社团法院作为处罚案件的一审机关，由其决定对成员施加何种惩罚。成员如果不服社团法院的处罚，则可以向联邦法院起诉。社团法院在作出惩罚之前，会给予被处罚的成员充分的辩护机会，在决定作出惩罚以后，会在相关文书中清晰地载明被处罚的事实依据和章程依据。最后，社团罚的种类主要包括：①名誉罚，包括警告、训诫和公示；②金钱罚，即成员在违反章程规定的情况下，需向社团缴纳一定数额的金钱；③资格罚，包括在一段时期内暂停成员在社团内活动的权利，也包括将成员开除出该组织。

为了防止社团罚被社团滥用，国外一般由相关的政府职能部门或者法院对受到不公平社团罚的成员予以救济。同时为了避免政府职能部门和法院的过度干预会导致社团罚在实质意义上被架空，政府职能部门和法院一般情况下只对社团罚是否有章程的明确依据、是否符合相关程序以及处罚的事实根据是否真实可靠进行审查。除此以外，只有在社团罚影响到了成员赖以生存的基本条件的情况下，章程相关规定本身的适当性、惩罚的适当性等实质问题才会被法院和政府职能部门纳入审查的范围。

第三节　运营行为的正当性边界设定——专家民事责任

专家民事责任是规范科技中介运营行为的又一重要法律工具。专家民事责任中的专家是指具有专业知识或技能，得到执业许可或资格证书，并向客户或者当事人提供专门服务的人。[①] 根据上述概念并结合学界的普遍观点，我们可以明确其特征为：第一，应为某个行业的从业人员，拥有该行业专门知识和技能但不必然是该行业的权威人士；第二，通过专业教育获得了专业技能和知识，并且达到了国家对其设定的职业资格标准要求，获得了其所属行业的执业资格证书或从业许可证书；第三，具有一定程度的执业独立性。尽管作为某个行业的从业人员，在开展业务时需要重点考虑服务对象的利

---

① 田韶华、杨清：《专家民事责任制度研究》，中国检察出版社，2005年，第14页。

益，但这并不意味着其必须受到服务对象所有决定和指示的约束，专家在作出专业判断和选择时应根据的是自身的技能、知识和经验，而不是惟命是从；第四，专家开展业务的结果不但与服务对象的利益息息相关，而且也会影响到社会公益。

在明晰专家的概念和特征的前提下，我们便可对专家民事责任的概念作出界定。它是指专家在执业过程中，在因其过错导致委托人或第三人损失的情况下，由专家本人承担的民事责任。需进一步明确的是，首先，专家民事责任只可能在专家从事其专业活动时产生，专业活动范围以外的行为均不会导致其承担专家民事责任；其次，过错是专家承担责任的必要前提，如果主观上没有故意或者过失，专家则无需承担责任；最后，专家民事责任不仅限于对委托人的责任，还包括受到专家执业行为影响的第三人。

从上文对专家和专家民事责任的阐述可以看出，科技中介作为以自身专门的知识、技能为科技活动关联主体提供专业服务的市场主体，将其纳入专家民事责任的范围，具有明显的正当性。当然，根据专家的概念，并不是所有的科技中介从业人员都会受到专家民事责任的约束，能够被该责任所约束的主要是国家设定了相应的从业资格门槛的科技中介工作人员，包括专利代理人以及具有评估、法律、会计等从业资格证的工作人员。

在比较法上，英美法系和大陆法系的主要国家均对专家民事责任作出了较为详细的规定，鉴于两大法系的差异，下文将分别予以考察。

（一）英美法系中的专家民事责任

1. 英国法上的专家民事责任

英国法上专家民事责任的性质经历了从侵权责任到违约责任又回到侵权责任的变迁。[①] 尽管目前将专家民事责任定性为侵权责任后仍然存在不少争议，如纯粹经济损失的赔偿缺乏必要的基础，但这已然构成英国判例法的主流。在英国法上，专家民事责任产生的前提主要是对忠实义务和注意义务的违反。忠实义务的要求相对简单，即专家不得向委托人以外的其他人泄露委

---

① 田韶华、杨清：《专家民事责任制度研究》，中国检察出版社，2005年，第10页。

托人的秘密，也不得为了专家自己的利益或与其他人恶意串通损害委托人的利益。该义务主要涉及的是专家与委托人之间的关系。注意义务则相对较为复杂，因为该义务除了牵涉到委托人，还包括了第三人。为了避免专家责任被无限制地放大，法律必须对专家侵害第三人利益的边界予以限定。英国法对此设立了合理预见规则，并将其纳入注意义务的内容中，即要求专家在执业行为中仅对自身能够合理预见的范围内的第三人以及合理预见的后果承担责任。由于该规则相对较模糊，后来英国法院在此基础上还要求专家与被侵权人之间存在特殊关系。特殊关系的认定有三个要件：第一，专家凭借自己的专业能力所处的地位，足以使其他人合理地信赖其在调查、分析和判断方面的水平；第二，专家基于此种信赖向特定的人提供建议或信息，或允许将该信息或建议传播给其他人；第三，专家能够合理预见传播的对象范围以及后者将对其建议和信息产生足够的信任。在同时符合上述三个条件的情况下，专家才须对第三人承担专家民事责任。

2. 美国法上的专家民事责任

与英国相类似的，美国也将过错作为专家民事责任的构成要件。在过错的认定上，则是以被诉专家所属的行业内一个处于平均业务水平和谨慎程度的同行履行注意义务应当达到的程度为标准。如果被诉专家没有达到这个程度，则会被认定为存在专家民事责任中的过错。如果被诉专家在其职业活动中未能达到普通人的注意义务，则超出了专家责任范围，而构成一般民事侵权。被诉专家可以通过证明损失的发生是由于其自身以外的其他原因，损失非因过错而导致等事项免除责任的承担。在专家对第三人承担的责任范围上，为了纠正以前未对第三人范围进行恰当限定而导致的诉讼爆炸问题，判例法现对第三人的范围作出了明确限制，即要求专家仅需要对其知晓的第三人，并且知晓后者使用信息的交易目的情况下承担赔偿责任。在部分判例中，甚至还要求第三人提供与该专家进行接触的证据。

（二）大陆法系中的专家民事责任

大陆法系的德国是专家民事责任制度较为发达的国家。以前的德国法将专家民事责任界定为违约责任，该责任要求专家在执业过程中须承担善良管理人的注意义务。相比于普通人的注意义务和对自己事务的注意义务,这个要求是比较高的。正是由于专家民事责任被界定为违约责任,而无法将未与专家及专家所属机构订立合同的第三人包括在内,故《德国民法典》在专家是否需要对第三人承担民事责任这个问题上持否定态度。《德国民法典》规定:向他人提建议或为推荐的人,除承担因契约关系或侵权行为所生的责任外,对因听从其建议或推荐而生的损害,不负赔偿义务。后来,随着专家执业行为对第三人造成损害的纠纷日趋增多,社会矛盾尖锐化,德国法院开始在民法典规定之外寻找专家对第三人承担责任的依据。

缔约过失责任是德国法院判令专家对第三人承担民事责任的重要依据。之所以能够将缔约过失责任适用于这个方面,是因为在缔约磋商的过程中,处于居间、经纪、代理位置的一般是专家,而合同当事人通常均是基于对专家的信赖而作出缔约决策的,如果专家未能妥当履行其注意、忠实义务而导致合同当事人的经济损失,那么缔约过失责任扩展适用于专家就具备了正当性基础。

默示合同是德国法院向专家施加对第三人的赔偿责任的又一重要途径。根据默示合同理论,即便专家与第三人之间没有达成合意并订立合同,但只要他们之间有过直接接触,那么法院就可能会基于诚信原则推定他们之间订立了默示合同。为了强化对第三人的保护,德国联邦最高法院的判例出现了放松"直接接触"认定标准的趋势,例如专家若向客户的债权人提供了错误信息很可能会被认定为专家与该债权人之间存在直接接触。尽管类似的判例因存在推翻合同相对性的问题而遭到德国学界的广泛批评,德国联邦最高法院加强第三人保护的倾向性态度却始终未曾动摇。

附第三人保护效果的合同是德国法院为了保护第三人而创设的另一特殊途径。该合同是指当事人一旦订立了特定合同,那么合同当事人除了应当对相对人承担合同义务以外,亦应对与相对人有特殊关系的第三人承担保护、注意等附随义务。该附随义务的违反亦将导致当事人对第三人承担赔偿责任。[①] 在德国法院适用附第三人保护效果的合同理论对第三人进行救济之初,

---

① 王泽鉴:《民法学说与判例研究》(第二册),中国政法大学出版社,2001年,第34页。

将特殊关系界定为家庭成员、公司与雇员等身份关系的范围内,后来却扩大到了没有身份关系而仅存在普通债权债务关系的民事主体之间。当然,为了避免第三人的范围被过分扩大,法院在相关案件的审理中要求第三人举证证明其对专家提供的信息或建议存在合理的信赖,并且正是因为这种信赖才最终导致了损失的发生。

从德国法院寻找到的上述三条路径来看,专家民事责任目前在德国已经不是纯粹的违约责任,但也绝非侵权责任,而是处于两者中间。抛开责任性质不谈,虽然在对第三人救济路径上遭到学界诸多批判,但德国法院通过放松专家民事责任的相关认定要件而强化对第三人责任的保护的态度是非常明确的。

第四节 融资难问题的破解之道
——知识产权质押、信托和证券化

融资难不但是科技活动各关联主体经常面临的难题,而且也是科技中介经营活动中不可回避的问题。对于科技中介而言,如何为自身发展获得足够的资金,如何为各关联主体提供融资服务等问题长期困扰着各类科技中介。造成这些问题的主要障碍包括:第一,大部分关联主体和科技中介都属于中小企业,无法提供能够为银行等传统金融机构接受的担保物;第二,科技成果、商标乃至于版权的价值难以进行准确评估;第三,我国目前的法律制度相对保守,未能为知识产权提供专门的融资途径。事实上,科技活动关联主体和科技中介面临的上述问题并非我国独有,发达国家的同行也是如此。基于此,我们可以通过考察发达国家的相关制度经验,为我国解决融资难问题提供有益的参考。

(一)知识产权质押制度的考察

美国和日本是知识产权质押制度较为完善的两个国家。我们可从这两个国家的知识产权质押制度的体系概貌,质押的客体范围、评估、保全和登记等方面对该制度进行全面考察。

1. 美国知识产权质押制度

美国知识产权制度主要由联邦统一成文法和各州的判例法组成。在联邦立法层面，主要是《统一商法典》第九编关于专利法、版权法和商标法的规定。该编废弃了原有的担保形式，统一采用"担保权"这一术语指代所有担保形式，并对担保的设立、效力和行使等问题作了全面的规定。《统一商法典》第九编随后被美国各州所采用，从而统一了美国各州的担保融资制度。①在判例法层面，《担保法重述》对相关判例进行了广泛的总结。在判例法和《统一商法典》发生冲突时，优先适用的是联邦立法。于知识产权质押的客体范围，在专利方面不但允许将专利权进行质押，还包括了专利申请权；在版权方面则包括著作财产权和邻接权；在商标权方面则可以包括商业标识负载的商业信誉。在质押登记方面，专利法规定不论是专利权还是专利申请权的质押，最迟需要在质押发生之日起 3 个月内在专利商标局进行登记，否则不得对抗第三人。与此相类似的，版权质押也需要在版权局进行登记。在质押保全方面，法律明确规定，债务人通过已经出质的知识产权获得的收益必须直接转入债权人的账户，而不是进入债务人账户后再由其转给债权人。此外，为了进一步保证债权人能获得质押收益，债权人有权检查核实与被质押的知识产权有关的设备运营情况和产品的生产销售情况。在知识产权质押评估方面，《美国价值评估行业统一操作标准》等规定对评估工作进行了严格约束。根据这些规定，评估机构作出的评估报告必须详细载明其所采用的评估方法、评估的详细依据、价格估计考虑的因素。

2. 日本知识产权质押制度

日本的知识产权制度主要由《日本民法典》《日本特许法》《实用新型法》《外观设计法》《商标法》以及《著作权法》共同组成。于质押的客体范围而言，在专利权质押方面与美国不同的是，日本仅允许对专利权进行质押，而不包括专利申请权；在版权质押上，日本同样允许将著作财产权和领接权进行质押；在商标权方面，日本与美国的规定亦相类似。在质押登记方面，上述法律针对不同的知识产权分别规定了不同的登记机关。在质押保全

---

① 谢黎伟：《美国的知识产权融资机制及其启示》，《科技进步与对策》2010 年第 24 期。

方面，日本虽然没有像美国那样赋予债权人检查核实的权利，但是在权利实现方面，允许债权人直接从债务人处获得被质押的知识产权。除了法律方面的规定以外，值得注意的是：其一，为了提高知识产权质押成功率，日本的中小企业信用保险公库和小企业信用保证协会还会共同为知识产权质押融资提供信用担保。这两个担保主体的资金来自于政府，在被担保人无法偿还贷款的情况下，由中小企业信用保险公库承担其中的70%～80%，剩下的部分由小企业信用保证协会承担。① 其二，在提供融资贷款的机构方面，日本主要是由国家投资设立的政策性银行为知识产权质押融资提供贷款，而不是由普通的商业银行提供。②

（二）知识产权信托制度的考察

根据我国《中华人民共和国信托法》第二条规定："信托是指委托人基于对受托人的信任，将其财产委托给受托人，由受托人按委托人的意愿以自己的名义，为受益人的利益或者特定目的，进行管理或者处分的行为。"具体到知识产权信托，则是指知识产权权利人基于对受托人的信任，将其知识产权委托给受托人，由受托人按照委托人的委托目的或为实现委托人的利益，对该知识产权进行经营管理、处分的法律关系。

2015年4月，国家知识产权局颁布了《关于进一步推动知识产权金融服务工作的意见》，该意见以促进知识产权与金融资源的有效融合为出发点，强调通过建构和完善知识产权信托融资等制度，拓宽中小微企业融资渠道，引导金融资本向高新技术产业转移。自该意见颁布以后，知识产权信托融资机制作为知识产权融资的具体实现路径，开始逐步引起学界以及社会机构的广泛热议。③ 知识产权信托之所以能作为融资的重要途径，主要有如下原因：第一，知识产权信托能够有效弥补知识产权权利人在能力、专业、时间等方

---

① 张亚兵、王淑珍、石会娟：《日本中小企业信用担保体系对我国的启示》，《当代经济》2010年第11期。

② 李希义：《日本政策投资银行开展知识产权质押贷款的做法和启示》，《中国科技论坛》2011年第7期。

③ 郭俊：《完善我国知识产权信托融资模式的相关思考——基于国际经验的比较与借鉴》，《学习与实践》2015年第7期。

面的不足。知识产权权利人虽然在智力成果的创造方面具有较强的能力,但是在如何将知识产权应用于工业生产、如何在市场中进行营销、如何实现利益最大化等方面不但通常不具有同样的处理能力,而且在专业性上也与专门的信托机构存在差距,更不要说相当一部分知识产权权利人宁愿将精力和时间投入到智力成果创造方面而无暇顾及这些问题。第二,信托机构强大的专业能力、丰富的市场经验能够妥当应对知识产权应用过程中可能遭遇的各种风险和障碍。知识产权的获得仅是为其价值的实现奠定了基础,只有通过转化、应用和交易,其价值才能真正得以实现。在知识产权转化、应用和交易的过程中存在各种风险和障碍,如果权利人不具有相应的专业能力和处理经验,那么很可能需要耗费大量的处理成本,而处理的结果却仍常常不能令权利人满意。通过信托,权利人可以将处理知识产权转化、应用和交易事务交给专业的信托机构,后者凭借自身的专业能力和经验,通过最有效的方法破除这些风险和障碍,使权利人在无须操心这些风险和障碍的情况下获得收益。第三,知识产权信托能够使知识产权物尽其用,价值得以充分实现。知识产权价值实现过程中最重要的环节之一在于能够找到适当的潜在受让方群体。在权利人通过信托将知识产权转移给信托机构以后,后者依靠强大的市场营销能力和广阔的社会网络资源,能够精确地锁定潜在的受让方群体并以理想的价格完成交易,使知识产权的价值得以充分实现。

科技中介作为科技活动的枢纽和桥梁,其在长期为各关联主体服务的过程中,积累了丰富的经验、具备了强大的专业能力、建立了广泛的社会关系和市场网络,能够妥当应对知识产权转化、应用、交易方面可能出现的各种风险和障碍。在知识产权信托法律关系中,相对于银行等传统金融机构,科技中介作为受托人具有明显的优势。事实上,知识产权信托在我国已有成功的先例,最著名的是2011年中关村的阿尔西制冷等4家企业,通过信托的方式获得了2000万的贷款。① 然而,自此之后却鲜见相关的成功案例。之所以出现这样的局面,与我国知识产权信托制度不完善有密切的关系,那么在知识产权信托运用较为普遍的国外,有哪些方面值得我们借鉴呢?

---

① 郭涛:《中关村示范区试水知识产权科技信托》,人民网2011年05月17日,网址:http://ip.people.com.cn/GB/14660054.html,最后访问日期:2017年8月22日。

首先，信托法律体系的完善是信托得以顺利开展的重要基础。在日本，自2002年国会通过包括促进知识产权融资等内容在内的《知识产权基本法》后，便对原有的信托方面的法律进行了修改，其中最重要的就是废除了原《日本信托业法》对信托财产范围的限制，从而将知识产权信托纳入到信托法律制度中。在美国，早期主要依据判例法对信托法律关系进行调整，相关的规则被总结到了《信托法重述》中。2000年后，为了解决各州判例之间的矛盾，美国统一州法委员会通过了《统一信托法》，从而使信托中的一些基本问题有了统一的解决依据。根据《信托法重述》和《统一信托法》的规定，有如下几个值得注意的方面：①权利人对知识产权的占有、使用、支配和处分权均须悉数转移给信托关系中的受托人，仅保留其中的收益权。受托人按照信托合同的约定对受托知识产权进行经营管理，从中获取的利润扣除信托费用后支付给权利人。对于拟使用该知识产权的第三人而言，仅需与受托人签订合同即可，一般情况下均无需涉及权利人。因为根据美国法，信托关系建立起来以后，受托人就成了名义所有权人，有权以自己的名义与第三人就该知识产权签订合同。②信托关系建立起来后，由于权利人只保留了其中的收益权，因此无权对该知识产权进行管理，而只能请求受托人按照信托合同约定支付收益。③在法律责任方面，权利人与受托人之间依据信托合同的约定承担相应的责任，权利人对于第三人则仅以信托财产为限承担责任。④信托关系一旦建立起来，如果没有合同无效、被撤销的法定事由，一般不允许权利人或受托人终止信托合同。

其次，大陆法系国家一般要求对知识产权信托进行登记，不过在登记的效力上有不同。从主流情况看，包括我国台湾地区、日本在内均实行登记对抗主义。即权利人与受托人签订信托合同以后，只要该合同不违反法律的禁止性规定，该合同就生效了，信托法律关系也随之建立起来。但是，在向政府职能部门登记之前，该信托法律关系不得对抗第三人。

最后，在信托监管方面。以美国为例，由于作为受托人的主要是银行，因此监管工作的重心也就落在了银行身上。监管机构主要从两个方面对信托进行监管：其一，申请银行是否有资格开展信托业务；其二，信托业务的实际经营情况。在资格审查上，监管机构根据法律规定对申请银行的存贷款率、经营的软硬件、实际从事信托业务的员工等方面进行审核。在获得信托资格后，银行需要将信托业务与其他金融业务区隔开来，这种区隔包括人员、资金、经营活动等方面，以保证信托的独立性。

（三）知识产权证券化方面的考察

知识产权证券化，是指权利人把其自身享有的知识产权，对其进行合理设计之后，转移给一个特设机构，由后者以此为依据发行可以在金融市场上自由流通的证券的过程。[①] 在具体实现方式上，主要包括知识产权本身的证券化和知识产权收益的证券化。其中第二种证券化方式成为当前的主流方式。作为资产证券化的一种，知识产权证券化具有剥离基础风险，增加信用等级等重要优点。所谓剥离基础风险，是指知识产权证券化以后，该证券的投资者能够获得多少收益完全取决于该知识产权的经营运作情况，而无需关心被证券化的知识产权权利人的经营和资信状况。这就与传统的投资对象——股票和债券产生了重要差异。所谓信用增级，是指在证券化的过程中通过内部增级和外部增级手段，以提升证券化资产的信用等级。它包括以超额担保、建立利差账户等手段实施的内部增级和以银行、担保公司等第三方机构提供担保等途径实施的外部增级。目前，知识产权证券化最发达的是美国，以下我们以知识产权证券化的流程为逻辑脉络，对其进行考察。

首先，拟实施证券化的知识产权需要被整合成资产包。该资产包必须能够产生稳定的现金流，否则无法证券化。其次，需要设立一个特殊目的机构（SPV），然后知识产权权利人将资产包整体转让给该公司。这样资产包中的知识产权就与权利人相分离，不会受到原权利人资信、破产等问题的影响。复次，通过设立还款准备金、购买保险、银行或第三方主体提供担保等方式增强该资产包的信用等级。再次，证券信用评级机构对发起人、资产包中的知识产权的基本情况进行调查并在此基础上评定资产包的信用等级。最后，根据资产包的信用等级和投资人的偏好，发行不同的证券，由投资人进行认购。

---

① 李建伟：《知识产权证券化：理论分析与应用研究》，《知识产权》2006 年第 1 期。

在知识产权证券化的流程中，有几个关键点是需要进一步强调的：首先，特殊目的机构是证券化各项工作的实际运作主体，其具有独立于权利人的主体资格，具体的形式有三种：①公司式，即成立专门的公司实施知识产权证券化。②信托式，即在知识产权信托法律关系建立起来以后，由受托人实施知识产权证券化。此种形式的特殊目的机构凭借信托财产独立性，能够在绝大多数情况下将资产包中的知识产权与权利人进行隔离。③合伙式，为了实现资产包与权利人的隔离，知识产权权利人只作为有限合伙人，不实际参与合伙事务的管理，知识产权证券化的工作由其他普通合伙人具体实施。其次，知识产权需要通过"真实销售"转移给特殊目的机构。所谓真实销售是指在知识产权转让过程中，权利人通过恰当的交易方式，将该知识产权的全部权益转移给特殊目的机构，转让完成后不得再从该知识产权中直接受益。恰当的销售方式包括合同更新、知识产权的转让、知识产权许可使用等。从目前知识产权证券化的主流方式来看，主要为知识产权收益权的转让，具体包括由已签订的与该知识产权有关的协议中确定的收益权和通过将来签订的协议获得的收益权。除了收益权的转让，信托财产的独立性特征使得作为证券发行基础的资产包得以成功建立，因此信托也被作为真实销售的另外一种主要类型。法院在审理知识产权证券化纠纷案件时，对交易行为是否达到真实销售的标准是要进行严格审查的：其一，该交易是否真实、正当。法院除了要对交易所涉及的所有法律文件进行全面审查以外，还会重点对交易的价格是否为正常合理的市场价进行审查。其二，该知识产权应当从权利人的资产负债表中被移除，即不作为破产财产。其三，知识产权的权利人与特殊目的机构之间的法律关系。如在公司式特殊目的机构的情况下，法院会审查该机构在决策、资金往来等方面是否完全独立于权利人，否则将否定该机构的法律人格，要求权利人承担责任。在合伙式特殊目的机构的情况下，法院会审查权利人是否实际参与了该机构的经营管理活动。此外，法院还将审查权利人与特殊目的机构交易合同中是否包括追索和担保条款、回购条款和剩余权益索取权条款。如果包括了这些条款，那么就会否定知识产权进行了真实销售。

第五章

新常态下科技中介功能完善和规范运营的对策建议

科技创新已经成为我国产业升级转型和经济结构调整的主要推动力,并且被纳入下一步经济发展战略的重要内容。科技创新的快速健康发展除了需要依靠各关联主体在科技创新各环节上开展的研发、转化、交易等活动以外,同样需要在其中作为桥梁和纽带的科技中介充分发挥其功能和作用。然而,以科技中介发展状况在我国处于领先地位和具有代表意义的广州的情况来看,虽然在从国家到地方各级政府的重视和扶持下,科技中介已经有了长足的发展并取得了一定的成绩,但在功能发挥和经营行为方面却仍存在不少问题。这些问题若不能得到妥当解决,那么广州科技中介的发展必然会受到制约,进而影响到科技创新。在寻求上述两方面问题的解决对策的过程中,除了应当广泛借鉴成熟制度和经验以外,还应当充分考虑对策提出的经济和社会背景。

我国经过40年的改革开放,经济和社会的发展目前已经进入了新的阶段。自2014年5月以来,在各级政府的各类文件以及媒体的报道中频繁出现了一个对我国当前经济和社会状况进行概括和定位的语词——新常态。那么,新常态究竟指的是什么?形成新常态的原因为何?在新常态下蕴藏着哪些机遇挑战?这些问题均是在提出科技中介功能完善和规范运营具体对策之前需要首先弄清楚的。

第一节 新常态下科技中介功能完善和规范运营的总体思路

(一) 新常态的概念与特征

"新常态"(new normal)一词最先由美国太平洋基金管理公司总裁埃里安提出,是对2008—2009年发生"大衰退"之后世界经济政治状态的一种描述和预测。在宏观经济领域,新常态被西方舆论普遍形容为危机之后经济恢复的缓慢而痛苦的过程。[①] 于我国,习近平总书记于2014年5月在河南考察时首先使用了这个词语,用以概括我国当前经济和社会发展的状态。从字面上看,"新"就是有异于旧质;"常态"就是时常发生的状态。新常态就是不同于以往的、相对稳定的状态。这是一种趋势性、不可逆的发展状态,意味着中国经济已进入一个与过去30多年高速增长期不同的新阶段。[②]

在我国语境下的新常态概念被提出后,许多专家学者对这个词语进行了多层次、多角度的解读并对新常态的具体特征形成了较为一致的看法。据《人民日报》的总结,学者们普遍认为,新常态具有如下四个主要特征。

1. 中高速

我国实行改革开放40年来,年均GDP增长率接近10%。从世界其他国家和地区的发展历程和经验看,如此高的经济增长率不可能一直持续下去,而会出现增速"换挡"现象。例如:1950—1972年,日本GDP年均增速为9.7%,1973—1990年期间回落至4.26%,1991—2012年期间更是降至0.86%;1961—1996年期间,韩国GDP年均增速为8.02%,1997—2012年期间仅为4.07%;1952—1994年期间,我国台湾地区GDP年均增长8.62%,1995—2013年期间下调至4.15%。[③] 当前,我国也如上述国家和地区一样,从高速增长换挡为中高速增长,这除了是经济规律发生作用的必然结果以外,我国经济发展之所以出现换挡,还包括以下四方面成因:其一,要素供给效率变化。在劳动力要素方面,我国出现了人口老龄化、新生劳动力供给

[①] 李稻葵:《中国经济的四种新常态》,《北京日报》2014年9月29日第025版。
[②][③] 田俊荣、吴秋余:《新常态,新在哪?》,《人民日报》2014年8月4日第017版。

不足等新的变化；在资本要素方面，资本成本提升、消费率和储蓄率下滑；在技术要素方面，科技发展缓慢、创新动力不足。其二，资源配置效率变化。我国之前的高速经济增长，主要是因为资源从生产效率较低的第一产业转移到较高的第二产业使然。就当前而言，这个方向的转移已经接近尾声并出现了新的转移方向：从生产效率相对较高的第二产业转移到相对较低的第三产业。随着转移规模的不断扩大，我国整体生产效率必然降低，进而导致整体经济增速的下滑。其三，创新能力不足。这一点一直是我国经济发展的软肋。我国企业在获得专利的数量，知识产权占无形资产的比重，制成品出口创造的国内增加值占出口额的比重等方面均远远落后于发达国家。其四，资源环境约束增强。我国多年来经济的高速增长，已经消耗了大量的环境资源并且对环境本身造成了较为严重的负面影响。现今的环境资源已经无法继续对经济的发展提供如此强力的支持，受到破坏的环境也开始向经济和社会发展施加反作用力，环境问题已经成为制约我国经济发展的重要因素。[1]

在上述四方面因素的作用下，换挡后的经济增速会调整到一个什么水平？就当前而言，我国经济增速探底的过程并未结束，而是处在"增长速度的换挡期，经济结构调整的阵痛期，前期刺激政策的消化期"三期叠加的阶段。如果在这个阶段中不能充分发挥自身主观能动性，应对好碰到的各种问题和障碍，那么经济增速下探的过程将会更加漫长。因此，有学者提出在对当前阶段进行概括的这三期之外，还应当增加一个改革攻坚克难的推进期,[2]以突显维系经济中高速增长中自身主观能动性的重要作用。除了主观方面的因素，客观上也有不少因素支撑我国能够继续保持经济中高速增长，如地区发展不平衡为第二产业从我国东部和南部转移到中西部提供了可能性，从而在一段较长的时间内保持劳动力成本优势，机器人在工业中的广泛应用也为我国劳动力从第二产业向第三产业转移提供了条件。[3]

2. 优结构

优结构具体体现在如下四个方面：其一，产业结构方面，第三产业逐步

---

[1] 李扬、张晓晶：《"新常态"：经济发展的逻辑与前景》，《经济研究》2015 年第 5 期。
[2] 贾康：《把握经济发展"新常态"打造中国经济升级版》，《国家行政学院学报》2015 年第 1 期。
[3] 许志峰、成慧：《新常态，辩证看》，《人民日报》2014 年 8 月 11 日第 017 版。

成为产业主体。我国 2013 年第三产业（服务业）增加值占 GDP 比重达 46.1%，首次超过第二产业。其二，需求结构方面，消费需求在我国需求结构中所占的比重越来越大。2012 年消费对经济增长的贡献率自 2006 年以来首次超过了投资。其三，城乡区域结构方面，城乡区域差距将逐步缩小。其四，收入分配结构方面，居民收入占比上升，分享到了更多改革发展的成果。①

这个优结构的调整过程必然是一个潜在的、渐进式的过程。② 首先，随着剩余劳动力的减少殆尽，劳动工资必然持续上涨，资本取代劳动力的趋势已经出现而且须经过较为缓慢的转变过程。其次，第二产业从业人员要转移到第三产业，首先需要经过新的专业知识教育和职业技能培训时期，而且还要经历适应和磨合期之后才能真正融入第三产业。再次，虽然随着户籍管理的基本放开，劳动人口能够进行自由迁徙，但新型城镇化的建设绝非一日之功，而是一个必须符合经济规律的逐步发展过程。最后，作为一个崇尚储蓄的国家，国民消费观念的转变需要一个过程，而能够使国民放心、大胆消费的社保制度的完善同样也需要时间。

3. 新动力

新动力指的是中国经济将从要素驱动、投资驱动转向创新驱动。发生这种转向的原因在于，随着劳动力、土地、厂房和资本等生产要素的价格上涨，我国制造业依靠生产要素价格低廉获得的竞争优势已越来越小，从事制造业的企业年利润总额已经出现了严重的下滑，必须将企业的发展动力从生产要素转移到科技创新上。③

4. 多挑战

伴随经济增速下调出现的一个负面现象是，诸如地方政府债务风险、金融风险以及楼市价格持续上涨积累的潜在风险等逐渐浮出水面。这些风险不但影响面广，影响程度深，而且相互之间还存在千丝万缕的联系：经济下行压力加大会削弱人们的投资信心，过去积累的楼市泡沫和风险就凸显了出

---

① 田俊荣、吴秋余：《新常态，新在哪？》，《人民日报》2014 年 8 月 4 日第 017 版。
② 李稻葵：《中国经济的四种"新常态"》，《北京日报》2014 年 9 月 29 日第 025 版。
③ 田俊荣、吴秋余：《新常态，新在哪？》，《人民日报》2014 年 8 月 4 日第 017 版。

来；楼市下行预期会导致房地产企业暂停购买新的土地，进而引发以土地出让为重要财政收入来源的地方财力紧张，地方债务风险由此逐渐显现；而房地产市场不景气，银行的相关贷款就会埋下金融风险的隐患。① 以上例子可以清晰地说明，如果其中一项风险处理不好，将可能引发其他风险，甚至可能造成我国经济的断崖式下跌。因此，新常态下我国面临的挑战不但数量多，而且较为棘手，需要如履薄冰、谨慎应对方能渡过难关。

（二）新常态下我国面临的困难与机遇

新常态作为一个高度概括和凝练的词语，仅从其概念和特征两个方面并不足以对其内涵和属性进行全面把握，也难以为科技中介功能完善和规范运营对策的形成提供直接的依据。因此，在把握概念和特征的基础上，我们还需要进一步梳理在新常态下，我国究竟需要克服哪些困难，同时面临着哪些机遇。

1. 新常态下我国经济和社会发展面临的困难和障碍

其一，产能过剩现象较为突出。当前，产能严重过剩行业主要集中在原材料型、高能耗型行业。2012年底，中国钢铁、水泥、电解铝、平板玻璃产能利用率分别仅为72%、73.7%、71.9%、73.1%，明显低于正常水平，行业内多数企业经营困难。在总量过剩的同时，高端产能仍然不足。2013年尽管钢铁产能过剩越演越烈，但进口钢材仍达到1408万吨，相当一部分集中在大型及超大型变压器、高档汽车、高档家电、风电、核电等高端装备制造领域。② 导致上述产业和领域产能过剩的原因有很多，但其中最主要的原因之一是地方政府放任地方企业进行盲目扩张。各地政府为了增加GDP和财政收入，解决本地就业问题，以及为了获取中央政府的产业优惠和转移支付，大多优先发展以生产原材料为主的高耗能行业，导致各地出现行业结构同质化现象，进而造成产能过剩的问题。③

其二，产业结构不合理、集中度较低、整体创新力较弱。改革开放以

---

① 田俊荣、吴秋余：《新常态，新在哪？》，《人民日报》2014年8月4日第017版。
② 张秀生、王鹏：《经济发展新常态与产业结构优化》，《经济问题》2015年第4期。
③ 李扬、张晓晶：《"新常态"：经济发展的逻辑与前景》，《经济研究》2015年第5期。

来，我国采取了粗放型经济发展模式，形成了以重工业为主导的产业结构。据统计，直至"十一五"期间，我国重工业产值占工业总产值的比重仍然在增加并超过了70%，各地重工业同构现象亦比较严重。重工业以外的科技型产业、服务型产业发展却较为缓慢。这些行业中的企业规模普遍较小且较为分散，分工协作少，并且大都因为缺乏资金和人才而导致创新能力不足，鲜有核心技术或产品，能主导和引领整个行业快速发展的龙头企业缺位。在大中型企业方面，虽然资金较为充裕，但却不愿将资金投入到风险高、周期长的研发环节。据统计，我国大中型企业在研发创新上的投入强度平均仅为0.93%，远低于国外跨国企业4%的平均水平。在科技成果转化上，由于各类企业缺乏与高校及科研机构进行合作研发的习惯和意愿，再加之后者在职称评审、薪酬机制等方面的原因，导致高校和科研机构科研成果的转化率低于10%，而发达国家至少一半的科研成果能够用于生产当中。①

其三，各类生产要素供给效率下降。在经济增长最重要的生产要素——人力资源方面，首先，于人口结构而言，长期推行的人口政策使我国适龄青壮年劳动力数量逐年减少，现行人口政策实施以前出生的人群正步入老年，人口结构老龄化的现象已经出现。据统计，2013年末我国人口增速由2012年的6.97%降至4.93%，老年抚养比呈逐年缓慢上升态势，由2000年的9.9%增至13.1%，且增速基本保持在3%。其次，于人口素质而言，由于教育资源有限且分布不均，社保户籍对人口迁徙流动的限制等因素，我国人力资源的综合素质在整体上处于中偏下的位置。在职业素质方面，由于职业培训市场发育较慢，培训机会偏少，过度重视文凭学历而轻视实质能力和素质，教育机构的人才培育方向与市场用工需求间出现错位，我国人力资源的职业素质在整体上亦偏低。② 在经济增长的重要驱动力——资本要素方面，利用外资和投资驱动是我国这些年来保持经济快速发展的两驾马车。然而，外资利用方面现已呈现疲态，长期的投资驱动则带来了较为棘手的地方政府债务风险。目前积累下来的地方政府债务不但数额较大，而且处理难度较高。其原因在于，这些地方政府债务多为基础设施建设筹集资金而形成，难

---

① 张秀生、王鹏：《经济发展新常态与产业结构优化》，《经济问题》2015年第4期。
② 任保平、宋文月：《新常态下中国经济增长潜力开发的制约因素》，《学术月刊》2015年第2期。

以产生现金流。这些债务不但不具有市场可交易性,而且基础设施在建成后还需要政府持续筹措资金进行养护。在债务偿还期限上,地方政府的债务期限平均为 2 年,而对应的投资项目一般需要至少 4 年以上方能完成,这两个期限存在错配的问题。①

2. 新常态下我国经济和社会发展的机遇与应对

尽管进入新常态阶段后,我国在经济和社会发展上受到多种不利因素的制约,面临着诸多问题与障碍,但如果从辩证的角度看待这些因素、问题和障碍,却能发现其中蕴藏着许多有利于发展的机遇和条件。

首先,经济增速下调是市场经济规律作用下的必然结果,是出现于世界各国发展历程中的普遍现象。另一方面,经过多年的高速增长,我国经济体量已经非常庞大,将其乘以经济增长的每一个百分点,得到的结果就已经超过以前全年度的经济总量。其次,我国经济多年的高速增长确实积累了不少问题亟待解决,但同时也积累了问题解决的资本和条件。如果说之前高速增长是量变阶段,那么新常态的出现,则是量变的自然发展达到质变的标志。复次,大国优势保证经济增速平稳下调。我国人口众多,由此带来的消费需求数量对经济快速发展的支撑作用不容忽视。国民日益提高的消费质量则不仅能推动汽车、家电、电子数码等高端制造业的持续发展,而且能够促进文化创意、科技信息等新兴产业的茁壮成长。我国幅员辽阔,在较发达的东南沿海地区,由于土地、环境、人力成本上升,迫切需要淘汰传统产业,发展新兴产业时,相对较落后的中西部地区在上述生产要素方面的低成本优势成为吸引前者产业向后者转移的重要因素。再次,不少表面上看起来隐患较突出的风险仍然处于可控的范围内。以上文提到的地方政府债务危机为例,虽然数额较大,但却明显低于国际公认的风险警戒线,而我国作为高储蓄国家,抵抗债务风险的能力也强于高消费低储蓄的其他国家。② 最后,从中央到地方各级政府积极面对困难的态度为问题的解决提供了重要保证。如今,深化改革已成为各类官方文件、媒体报道的热词,以深化改革领导小组为首的专门研究新常态下我国改革发展问题的政府部门得以在各地成立。政府连

---

① 李扬、张晓晶:《"新常态":经济发展的逻辑与前景》,《经济研究》2015 年第 5 期。
② 许志峰、成慧:《新常态,辩证看》,《人民日报》2014 年 8 月 11 日第 017 版。

续出台营改增、简政放权、供给侧改革、设立自贸区等重大改革举措,从多个角度和层次力推已经走向深水区的改革步伐稳步向前迈进。

除了全面辩证地看待新常态下那些影响我国经济和社会健康发展的不利因素、问题和障碍以外,在攻克这些难关的过程中,我们还应当根据新常态的特点、条件,形成有针对性的、确实能够解决新老问题的各种法律法规及政策措施,才能在新常态下真正站稳脚跟,稳步向前。从宏观角度而言,应当注意如下几个方面:

(1)保持足够的理性,站在长远的、发展的角度形成问题对策。

在新常态下,虽然需要面对的问题和困难在数量和复杂程度上比以往任何时期都要多得多,但越是面临这样的艰难困境,越需要保持足够的理性,要站得高、看得远,才能制定出解决问题、克服困难的妥当对策。在以往,我国以保持经济发展速度为纲,不能容忍经济发展速度出现下降,故用尽各种办法保持经济的高速增长。然则,在新常态下,经济增速下行是必然趋势,继续保持以前的增速既不现实也不可能。这就要求将经济发展的思路从保持经济发展速度转移到优化经济质量上来,不能仅仅把数量上的提升视为经济增长,也应当将质量的提升包括在经济增长的范围内,例如产业结构的优化、就业市场的稳定、人民生活消费质量的提升、市场环境的有序和规范等。不能为了保持眼前的经济增长速度,就像过去一样走投资拉动经济的老路,而应当创新宏观调控的思路,做好以下几个方面的工作:其一,从"只盯增速"转变为坚持"区间调控",即为经济运行设定区间范围,当接近或达到下限时,以保持增长为主;当接近或达到上限时,以防止通货膨胀为主;在远离上下限时则大力实施改革。其二,从"事后救济"转变为保持"底线思维",即应增强政策的前瞻性,各项政策措施出台前应进行全面论证,将困难和风险估计得更充分些,对策制定得更周全些。其三,从"大水漫灌"转变为坚持"定向调控",即不能像以前一样用粗线条的方式制定政策,而应当依靠大数据、实地调研、多领域专家找出问题的根源所在,提升政策指向的精确性。①

---

① 陆娅楠、刘志强:《新常态,新应对》,《人民日报》2014年8月18日第017版。

(2) 进一步厘清政府与市场的关系应当作为改革的重要内容。

改革开放以前长期的计划经济管理模式使政府形成了对经济、对市场乃至于对企业"家父主义"式的管理方法、体系和习惯。在新常态下，要想充分释放企业、市场自身的活力以保持经济健康发展，必须彻底地改变这种旧有的方法、体系和习惯。首先，政府在权力下放方面步伐应该再大些：在能够由市场自行调节的领域中，政府应当将管理权力悉数交还市场，在需要市场与政府相互配合的领域中应当清晰地划出政府行使权力的边界，在应当全部由政府管理的领域中则相关行政职能部门必须管理到位。其次，政府必须修炼好扶持和监管市场的内功，基础设施的建设和市场主体经营发展的软环境建设必须两手抓，两手都要硬，特别是各地应当针对自己相对薄弱的环节下大力气予以强化。最后，为了使改革的顶层设计能够真正落实到基层，政府及其工作人员考核评价机制须得到进一步优化和完善，例如不能仅以数字评价其工作成绩的优劣，而应当设计更有弹性、更注重工作质量的考核评价标准。

(3) 以技术结构优化为核心进行产业结构调整。

产业结构调整是新常态下经济政策的重中之重。逐步淘汰落后的产业产能，推动低端产业向高端产业升级，提升高端产业的比重，实现产业内外生产要素的自由流动等均是产业结构调整的重要任务。要完成这些任务，技术结构的优化最为关键。如在淘汰落后产业产能方面，只有通过信息技术、节能环保技术、高端设备制造技术等在各产业内的推广和普及，才能为产业结构升级提供直接的依据。在产业内各企业创新能力的培养方面，只有建立起各企业与高校以及科研机构的充分互动联系和合作机制，科研成果需求和供给才能正确对接，科研成果转变为现实生产力的可能性才会大幅度提升。在产业聚集和区域集群建设上，仅仅通过优惠政策或行政力量把各种企业置于一处只能在短期内产生一定的经济拉动力，要想让产业聚集和区域集群能够真正拥有长久不衰的生命力，必须建立起包括技术研发、转化和交易在内的全链条技术生成结构。

(4) 以各生产要素有效供给为目标，养护好经济发展的土壤。

经济在不同的发展阶段对各生产要素的质和量有着不同的要求。生产要素只有在满足这些要求的前提下被持续供给市场，才能为经济发展注入源源不断的活力。在各种生产要素中，人力资源要素、资本要素和制度要素最为重要。于人力资源要素，在进入新常态以前，劳动力成本低，劳动力基数大是经济发展对人力资源要素提出的要求，而进入新常态以后，经济发展需要的是基本素质全面、职业素质高的劳动力。这就要求我们须正视自身在人力资源素质培养方面的不足，在短期目标设定中要以强化职业素质培养和完善考核评价机制，促进人才自由流动为其重要内容，在长期目标设定中要以均衡各地基础和高等教育资源，提供平等受教育机会为其主要内容，并分别针对短期和长期目标制定具体对策。于资本要素，首先，在地方政府债务风险持续增加，地方财政收入减少和支出增大的情况下，要从各个层面放宽对民间资本的管束，制定投资渠道丰富、资本自由度较高的法律法规政策，形成对民间资本的足够吸引力，充分利用我国国民高储蓄习惯作用下积累的民间资本财富为经济发展注入活力。其次，在政府用于扶持市场的财政资金有限的情况下，财政资金的投放应当更加精确，能真正投放到对经济发展起重要作用的地方，在此基础上，还应当对财政资金投放的效果进行严格的跟踪评价，确保每一分钱都花到了刀刃上。于制度要素，则应当针对现行法律法规中尚不能满足经济、市场所需的地方进行补充和完善，对不符合经济运行、市场运转要求的既有法律进行修正，从正反两个方面保障市场的有序运转，以及经济的健康运行。

（三）科技中介功能完善和规范运营的总体对策思路

当前，功能缺失和运营失范已成为制约我国科技中介发展的突出问题。从我们对广州科技中介经营现状的调研情况看，问题的成因是多种多样的：既有法制不健全的因素，也有法制以外的其他因素；既有科技中介自身的因素，也有外在因素；既有较为棘手、解决过程较为漫长的因素，也有相对简单、易于解决的因素。在问题的解决条件上，我国经济和社会发展的新常态在不少方面施加了条件限制和不利因素的同时，也提供了一些问题解决的新条件、新基础。在综合考虑上述两方面情况的基础上，我们可以对科技中介功能完善和规范运营形成如下总体对策思路：

1. 法律法规的完善应当作为问题解决的主要路径

尽管科技中介功能缺失和运营失范问题的成因很多，但主要成因是法制不完善。特别是在科技中介运营失范问题上，因法律法规未能针对科技中介服务所固有的信息不对称特点制定相应制度，由此滋生了大量经营不规范问题。基于此，法律法规的完善应当作为问题解决的主要路径，在具体对策上也应当扮演主导角色。从另外一个方面讲，这个解决思路也契合了上文提及的新常态特点以及应对新常态的基本策略。新常态意味着我国经济和社会将长期处于同一个状态，这与法律法规具有的长期稳定性是吻合的。通过完善法律法规的方式解决问题，能够为我国经济和社会的发展提供一个具有长期稳定性和可预见性的规则体系。此外，正确应对新常态的对策要求我们应着力提升经济和社会发展的质量，在新的条件下理顺旧的经济社会结构中不合理之处并通过转型升级塑造新的经济社会结构，而法律法规的完善在提升发展质量、厘清旧账、转型塑造等方面具有别的对策所不可替代的优势。

2. 法律法规的完善应当既借鉴成熟经验亦考虑经济社会的具体情况

在不少人眼中，通过法律法规解决问题就是简单立几部法或修改一下法条，即便制定和修改的法律法规存在不妥当之处，经过修法就能很容易得到纠正。然而，通过法律途径解决问题并不是那么简单：其一，立法和修法是一个漫长的过程。它实际上是一个协调各方利益主体，协调个体利益和社会整体利益的过程。不论是立法前的调研还是立法中的探讨均需要耗费巨大的人力物力财力。其二，法律一旦颁布就会产生巨大的社会影响。如果制定和修改后的法律出现偏差或不适当，那么将给我国经济和社会发展造成严重的损失。基于此，我们需要非常谨慎地开展立法工作，周全地考虑各方面要素，详尽地进行立法调研。借鉴其他国家和地区的成熟经验不失为节约立法成本、避免立法失败风险的可行途径。特别是在有关市场、经济问题的立法上，由于我国与其他国家具有共通性，因此也适于通过比较法借鉴的方式为我国提供立法模板和参照。在此基础上再根据我们的具体情况进行本土化改良，才能制定和修改出正确、适当的法律法规。

3. 法律法规完善以外的其他路径也不可忽略

法律法规完善虽然能解决其中的大部分问题，但也不是万能的。它不能够解决所有的问题，也不是所有问题都适于用这个方式予以解决。特别是在完善科技中介功能方面，我们诚然可以通过法律法规的完善解决其功能完善方面存在的法律障碍，如融资的制度障碍，但是科技中介自身的发展、政府的经济扶持力度、科技活动关联主体的创新能力等方面也是制约科技中介功能完善的重要因素，而这些方面的因素难以通过法律途径予以解决。基于此，法律法规以外的其他途径也不应当被忽略，而应当与法律途径相互配合，才能确保问题的有效解决。从另外一个方面讲，我国处于刚进入新常态的阶段，经济和社会状况变化可能较为频繁，变化的程度也可能较为剧烈，不能仅依靠刚性的法律法规应对这些变化，而应当综合利用具有灵活性特征的政策等手段，作为法律途径以外的补充。

第二节　科技中介功能完善和规范运营问题的法律解决途径

（一）建构先合同信息披露法律制度，解决信息不对称问题

先合同信息披露法律制度调整的是合同缔约磋商阶段当事人因信息不对称产生的各种纠纷。要实现对信息不对称问题的妥当调整，该制度需要针对不同的合同类型分别设定信息披露范围等构成要件。考虑到提供不同服务内容的科技中介种类较多，其涉及的合同类型五花八门，若逐一对不同类型的合同分别进行探讨将导致篇幅过长等问题，同时考虑到技术交易中的信息不对称问题具有典型性，下文将以技术交易中先合同信息披露义务的设定为例，探讨应当如何向交易当事人和为之提供服务的科技中介设定披露义务。这里需要充分明确的是，在技术交易合同的缔约磋商过程中，技术出让方作为技术所有者占有拟出让技术的绝大部分信息，科技中介在目标技术的搜寻比较中亦获得了有关出让方所拥有的技术的大量信息，与信息非占有方相

比，二者处于同样的信息优势地位，① 因此虽然科技中介不是技术交易合同的当事人，但国外法院在审理科技中介信息披露义务相关纠纷案件时，通常是参照成文法和判例法上技术出让方披露义务的构成要件进行处理的。二者承担的信息披露义务组合在一起才共同构成了完整的先合同信息披露法律制度。为了实现制度建构的周延性，同时也为了避免阐述的累赘，下文如无特别指出，用信息占有方共同指代技术出让方和科技中介，用信息非占有方指代技术受让方。完成了上述铺垫，下面我们结合比较法考察的情况，对制度构成要件进行逐一探讨。②

1. 信息具有重要性是限定披露范围的重要边界

作为技术所有者的出让方和为促成交易服务的科技中介，在技术交易合同缔约磋商中掌握着有关交易技术的各类信息，要求二者披露所有的信息欠缺现实和经济上的可行性，因此各国一般将信息重要性作为限定披露范围的边界，并建构起了认定信息重要性的客观和主观双重标准。③

（1）信息重要性的客观标准。

信息重要性的客观标准是以"理性人"为基础建构起来的。它将重要信息界定为在同一类交易中，那些会影响一个处于信息非占有方地位的理性人缔约决定的信息。客观标准以保障同一类交易普遍性目的的实现为出发点，在区分不同交易类型属性差异的基础上，以处于从事该类交易平均能力、知识和经验水平上的常人为视角对信息是否具有重要性进行评价。

于技术转让而言，受让方获得能够实际应用的技术并且不受理性人可预见的风险以外的因素影响是为普遍性交易目的。为了尽可能确保该方能够实现这个目的，应在技术交易合同缔约磋商阶段，向信息占有方就如下信息设定披露义务：①技术属性信息中会对技术应用产生实质影响的信息，如技术

---

① 当然，技术受让方也可能成为信息优势方。例如前文提到的以技术应用以后获得的利润的一定比例支付技术转让对价的交易合同中，受让方实际上获得的利润数额这个信息就主要掌握在自己手中。不过，这种信息是在合同签订后履行阶段产生的，不属于先合同信息披露法律制度调整对象，因此此处不进行探讨。

② 对于技术出让方的披露义务，笔者曾专门撰写和发表过相关论文对其进行了详细阐述，因此本专著对该文的主要内容进行摘录并进行适当调整和修改。详细内容的阐述请参见张铣：《技术转让中信息披露存在的问题及其应对》，《知识产权》2015 年第 7 期。

③ 参见《合同法第二次重述》第 161 条及其评论 C。

文件是否包含全部应用条件、是否存在隐性知识、是否完整陈述技术的全部负面效果，技术应用是否需要依赖第三方专利等；②法律风险信息，如专利是否过期，出让方是否向第三方进行过技术许可，是否有第三方提出专利撤销申请，技术是由出让方单独所有还是与他人共有等；③技术交易合同中专门术语、免责条款、限制性条款的含义。

(2) 信息重要性的主观标准。

在实际交易中，不同的主体由于在偏好、目的等方面存在差异，可能赋予不同的特殊信息以重要性，这种特殊的信息需求无法通过以理性人为基础的客观标准予以满足。此时就需引入信息重要性的主观标准，将特殊信息纳入重要信息的范围。考虑到此种特殊需求潜藏于信息非占有方的内心（动机）而不为信息占有方所知，在制度设定上就应首先要求信息非占有方告知信息占有方其对哪种信息赋予了特殊重要性，以此为向信息占有方施加披露义务提供正当性基础。即使信息非占有方在缔约中由于种种因素未进行告知，① 但其行为、缔约情势明显反映了此种特殊重要性时，亦应推定信息占有方知晓此种重要性。这就要求信息占有方在缔约中应保持合理的注意义务，捕捉能够反映信息非占有方对某些信息赋予了重要性的行为和缔约情势。②

为防止信息非占有方恶意滥用主观标准，不合理扩大重要信息的范围，在立法上应首先要求信息非占有方明确、具体地传递其究竟赋予哪一种信息以特殊重要性，而不能笼统地进行阐述。其次，立法上还应要求信息非占有方所主张的主观标准下的重要信息与拟缔结的合同或交易标的有必要关联，而且即便是对于关联信息，信息非占有方亦不能以违反公序良俗或显失公平的方式要求信息占有方进行披露。如在技术秘密转让中，信息非占有方在合同签订前就不能要求信息占有方披露技术的细节或核心内容。

---

① 信息非占有方未主动告知特殊重要性的原因有很多，典型的如"想当然地推定"。Melvin A. Eisenberg 教授曾解释过这种推定：粗心大意的教授一边读书一边从办公室走进大厅，他推定大厅的地板在那个地方并可以踩上去。教授的行为被这个推定所限制和指引，以至于他根本没有意识到大厅存在没有地板的可能性。参见 Melvin A. Eisenberg, *Disclosure in Contract Law*, 91 Cal. L. Rev. 1645, 2003, pp. 1650 – 1651.

② 在诉讼中，应由信息非占有方举证证明在缔约中自己的行为或缔约情势能够使作为理性人的占有方意识到非占有方赋予了某种信息以特殊重要性。这样的举证责任分配可避免占有方承担过重的披露义务。

(3) 界定信息范围应采纳的立法技术。

从比较法上看，就具体的立法技术而言，一般采取概括加列举的立法方式划定客观标准下的重要信息范围。具体而言，即在立法上除了规定应以一般理性人之判断界定客观重要信息以外，还应通过法条详细列举的方式罗列应披露的信息类型，以此明确信息占有方应披露的信息范围并减少交易双方关于重要信息的分歧。于主观标准下的重要信息，则可在立法上要求信息占有方和非占有方必须于技术转让合同签订前填写一份披露声明，信息非占有方于披露声明中须详细阐明存在哪些特殊的信息需求，信息占有方再根据这些信息需求进行信息披露并填写于披露声明中。此方式可在纠纷发生时大幅度减轻信息非占有方主张适用信息主观重要性标准的举证难度，亦便于法院对信息占有方是否妥当履行披露义务进行认定。①

2. 信息披露中的双方当事人

(1) 信息占有方。

披露义务的设定前提是一方占有相关信息，如果未掌握相关的信息则缺乏向其施加披露义务的正当性。在此基础上，信息占有方还须知道或应当知道该信息对信息非占有方具有重要性，这也是本文在阐述信息重要性的主观标准时所反复强调的一点。而在客观标准之下，理性人概念的代入已然为证成信息占有方知道或应当知道信息重要性提供了充分的合理性。在具体占有的信息数量和质量上，技术出让方和科技中介通常是存在差异的。技术出让方一般是技术的研发主体，其在研发过程中获知的技术属性信息比科技中介调查获知的该类信息不但多得多，而且了解得更为全面和透彻，因此其对于技术属性信息的披露义务一般比科技中介更重。在披露方式上，为保证信息披露的有效性，妥当规制信息占有方的信息披露行为，立法上应明确要求信息占有方须以处于信息非占有方地位的理性人能够理解的方式，完整、无歧义地披露信息。

(2) 信息非占有方。

缔约中的各方是自身利益的首要保护者，这种定位并不因为信息占有方

---

① 这种通过一方向另一方披露其赋予某事项以重要性进而认定与该事项有关的信息为重要信息的做法在合同法领域并不缺乏可资借鉴的先例，如保险法中的询问主义规则。

负有披露义务而发生改变。换言之，信息非占有方不能完全依赖信息占有方的信息披露而在信息获取上惰怠了事。从这个角度讲，信息非占有方可期待信息占有方披露信息的前提是信息非占有方不知晓相关信息的状态具有正当性。其正当性的获得亦可能源自于主观和客观两个方面。

就主观方面而言，信息非占有方须对自身不知晓相关信息的状态不存在过错。对于那些相当明显的、信息非占有方很容易获取的重要信息，即便对方已经占有了这些信息，在规则设定上也不应要求信息占有方对这些信息悉数承担披露义务，① 否则将很容易产生信息非占有方的机会主义行为②。因此，信息非占有方在缔约中亦应尽理性人的注意和调查义务。即信息非占有方应注意识别处于同一缔约情势中的理性人所能识别出的对方的吹嘘、虚假披露，信息非占有方也应如理性人一样实施必要的一般性调查行为。③

有许多客观因素会导致信息非占有方未能获得相关信息，其中值得重点探讨的是如果信息占有方的行为导致了信息非占有方的错误时，后者应承担何种注意和调查义务。在比较法上，信息非占有方的注意和调查义务范围、程度取决于信息占有方的主观过错程度。由于披露义务内含了要求信息占有方真实、完整地披露信息之意，故在信息占有方披露了相关信息的情况下，信息非占有方可以完全信赖该信息而不需要进行调查，④ 信息占有方应当对其披露信息的真实性和完整性承担责任。⑤ 同理，在信息占有方通过积极行为故意隐瞒信息并使信息非占有方陷于错误的情况下，后者亦没有进行调查验证的义务。在信息占有方没有积极隐瞒行为，而仅是由于疏忽或者其他原因没有披露那些显见的信息，且已向信息非占有方提供了充分的调查机会的

---

① 除非这些信息符合信息重要性的客观标准。
② 若要求信息占有方披露那些明显的、信息非占有方很容易获取的信息，则可能导致信息非占有方在合同履行结果对己方不利时，以信息占有方未披露该类信息为由要求赔偿，甚至是撤销交易。
③ 在比较法上，此种调查通常为一般性调查，不需使用专门手段或雇用特殊的人员。Nicola W. Palmieri, *Good Faith Disclosures Required During Precontractual Negotiations*, 24 Seton Hall L. Rev. 70 (1993), pp. 146–147.
④ 技术受让方不能将那些明显虚假的信息作为信赖的基础。
⑤ 在法国，在存在虚假或不正确披露之情形下，若 A 的披露使 B 主观上认为没有必要再进行调查，B 对该信息的信赖即视为正当。即使在 B 为专家且负有调查义务的情形中，B 也不必再进行调查。参见牟宪魁：《说明义务违反与沉默的民事诈欺构成——以"信息上的弱者"之保护为中心》，《法律科学》2007 年第 4 期。

情况下，信息非占有方则应进行合理的、一般性的调查。

综上，对于信息非占有方的注意和调查义务可作如下概括：如果信息非占有方能以极低的成本获知信息，那么信息占有方就不须披露该信息而应由信息非占有方承担一般性调查义务，除非法律另有规定或由于信息占有方的原因使信息非占有方不能或因为合理信赖而没有实施获取信息的行为。

3. 信息占有方是否需要对未知信息承担调查义务

相比于技术受让方，科技中介和技术出让方具有明显的信息优势，对未知信息的调查和获取具备更好的条件。如果相关信息符合上文提出的重要性标准且不违背披露的否定性条件，那么为了节约缔约成本，实现合同共同体利益的最大化，就应当向科技中介和技术出让方施加对未拥有信息的调查义务。为了防止调查义务被不合理扩大，应当进一步划定应予调查的信息范围。在这个问题上首先应当明确的是，先合同信息披露法律制度所主要规制的是信息占有方不披露或不适当披露信息的行为，因此应尽可能缩小对未知信息的调查范围。其次，由于科技中介和技术出让方在获取信息的地位、途径和能力方面存在差异，因此立法在二者应承担调查义务的信息范围上亦须作出不同的规定。技术出让方是技术的所有人，占有全部技术文件，其在对技术信息的调查上比科技中介更便利、成功获取信息的可能性也更大。如果技术出让方同时也是技术的研发人，那么对技术本身的相关信息的调查能力则更强。不过，这并不意味着出让方在搜集任何与技术有关的信息上均比科技中介更有能力。例如在市场信息等方面，科技中介往往会比技术出让方掌握得更为全面。基于上述两点考虑，可以将未知信息调查义务的范围设定为技术出让方或科技中介通过一般性调查手段可获知的、各自行业内处于平均专业水平的同行应当知道的信息。这样不但可以使调查范围的边界得到合理的限制并保持必要的弹性，而且可以对技术出让方和科技中介的信息调查范围作出区别对待，由此建构起信息调查义务的恰当边界。

4. 未披露或未适当披露的法律责任

民事法律责任的设定是使民事义务附着于法律威慑力的制度构成要素。于披露义务，首先在立法上应明确的是信息占有方免于承担法律责任的情形，即除了法律另有规定外，如果交易各方对信息获取事项存在明示或默示约定，或存在交易惯例，则应依约定或惯例。在明确此点的前提下，考虑到技术交易合同当事人是技术出让方和受让方，而不包括科技中介，在法律责任的设定上应对技术出让方和科技中介作出区别对待。

对于技术出让方，如果其未妥当履行披露义务的行为挫败了受让方交易的根本目的，可赋予后者撤销合同并主张损害赔偿的权利；如果其不当行为并未妨碍受让方交易根本目的的实现，后者则仅可主张损害赔偿。在赔偿责任的设定上，考虑到技术出让方所承担的瑕疵担保责任可能与其作为信息占有方时承担的披露义务于调整对象上存在重合的部分，① 同时也为了激励该方进行信息披露，应为披露义务设定高于瑕疵担保的法律责任，即允许适当的惩罚性赔偿。② 此举不但能对技术出让方知晓重要信息而故意或疏于进行披露时的主观恶性予以惩罚，促使其主动披露信息并充分缓和信息不对称，同时也可将交易纠纷消灭于萌芽时期，避免纠纷形成后产生的纠错成本。③

对于科技中介，由于其不是技术交易合同的当事人，因此如果其未妥当履行披露义务的行为使技术受让方交易的根本目的落空，那么除非技术出让方知晓科技中介实施了隐瞒信息等欺诈行为，或两者进行了恶意串通，否则一般情况下不允许受让方据此撤销技术交易合同。不过这并不妨碍受让方向科技中介主张赔偿。在赔偿范围上，如果委托科技中介的不是受让方，并且科技中介的行为使受让方形成了错误信赖，那么在立法上就应允许受让方参照缔约过失责任的规定，主张科技中介承担其信赖利益的损失。如果委托科技中介的是受让方，其既可依据委托合同中的违约责任条款主张赔偿，也可主张科技中介承担信赖利益的损失，但二者只能择其一而不能同时主张。

---

① 例如在瑕疵担保责任中，出让方须保证所出让的权利没有权属争议。在披露义务中，出让方亦须披露这一方面信息。实际上，两种制度其实各有不同的调整对象：在瑕疵担保责任中，不论出让方是否知道该瑕疵都应承担责任；披露义务则针对的是该方知晓重要信息（如瑕疵）的情形，两者的调整范围存在差异。

② 依《中华人民共和国合同法》，瑕疵担保赔偿责任所遵循的是损害填平原则。为披露义务设定惩罚性赔偿责任后，信息非占有方有充分的激励首先考虑主张占有方未妥当履行披露义务的诉讼策略。此外，鉴于知识产权纠纷在损害范围和程度上的举证难度等原因，惩罚性赔偿亦应当成为信息占有方未妥当履行披露义务的责任形式。参见和育东、石红艳、林声烨：《知识产权侵权引入惩罚性赔偿之辩》，《知识产权》2013年第3期。

③ 大多数合同错误都是由于一方未占有相关信息而导致的，信息占有方的信息披露则可弥补非占有方在信息占有上的不足，进而于缔约过程中就避免了错误的发生。

如果技术出让方和科技中介就同一信息均未妥当履行披露义务而导致受让方的损失，那么前两者需要对赔偿承担连带责任。在内部责任的划分上，则应比较这两者的过错对赔偿数额进行分担。

（二）真正赋予行业协会自治权，确立和完善自治规则

从前文比较法考察的情况看，要使行业协会能够在监管和扶持科技中介方面发挥其应有作用，必须首先赋予其充分自治权，并在此基础上确立和完善其内部自治规则。然而，从目前广州乃至全国各类行业协会的发展现状来看，存在着阻碍自治权实现的诸多问题，如果这些问题无法得到解决，行业协会对科技中介的监管和扶持只会沦为空谈。

1. 行业协会的现状和问题

（1）政府过度干预行业协会。

按照行业协会的生成路径，可以将广州行业协会分为三类：第一类是由原来体制内的单位经转制而来；第二类是由民间自发组成并依据《社团登记管理条例》登记注册设立；第三类是由现有体制内政府部门和体制外的市场主体共同设立。在数量上，第一类行业协会数量最多，第三类次之，第二类最少。

就第一类行业协会来说，从改革开放之初计划经济向市场经济转变，到后来的政府机构精简改革，原来不少的政府部门依照中央政府相关文件的要求转制成了行业协会。这类行业协会在运营资金、工作人员工资的支付方面依靠的是政府财政拨款，代行着政府职能部门的部分权力。它只需要向政府负责而不是向协会内的会员负责，完全不具备行业协会的独立性，更不要说享有任何的自治权。

就第三类行业协会来说，虽然是由体制内和体制外的主体共同设立，运营资金主要来源于会员的缴费，但在自治问题上，要么只享有范围很窄的自治权，要么根本就不享有该权利。体制内设立该协会的政府部门一般会对行业协会下达大量的行政任务，完成这些任务成为行业协会的主要工作。此外，政府部门还会对此类行业协会进行严格监管，除了日常运营方面的事情以外一般都要求行业协会上报批准。

第二类行业协会虽然理论上享有最充分的自治权,但是"野生"的身份限制了此类协会的规模和作用,其能够行使的主要职能仅为加强协会内成员间的联系。协会成员也大多仅把其作为沟通和交流的平台,而不是对成员进行扶持和监管的机构,因此对行业协会自治权如何实现等问题丝毫不关心。

(2) 行业协会自身建设和发展未能踏上正轨。

行业协会自治权的实现主要包括两个方面:其一,对内能够独立自主地对成员进行充分管理;其二,对外能够独立发挥足够影响力。要实现这两点,行业协会自身的充分发展建设是必要的前提和基础。然而,广州行业协会发展情况却不容乐观。由于数量最多的行业协会类型是由政府部门转制而来,行业协会工作人员多为以前的官员、政府工作人员以及离退休干部。其思想观念、运营思维仍然停留在以前的行政思维上,而不是行业协会应具有的市场经济观念和思维,因此在行业协会管理体制、运营流程等方面具有浓重的官僚色彩。此外,由于政府将这类行业协会视为自己的组成部分,因此拨付给的运营资金也仅够其支付工作人员工资和维系日常运营。这样既无法激励工作人员转变思维模式,积极开拓进取,也无法吸引高素质人才加入到行业协会中。由体制内和体制外主体设立的行业协会也存在同样的问题。不少行业协会的负责人、关键岗位的工作人员均由政府部门委派或者兼任,他们的主要工作就是确保落实好政府部门的工作任务,而不是如何将行业协会做大做强。民间自发组建的行业协会,由于会员对行业协会的发展建设不但不关心,而且经常拖欠甚至根本不缴纳会费。在缺乏必要资金支持的情况下,行业协会的发展自然受到极大制约。在调研中我们还发现,部分民间行业协会甚至沦为行业龙头瓜分地盘,限制外来竞争对手,打压本地同行的工具。

(3) 法律法规建设严重滞后于行业协会的发展。

从比较法的角度看,发达国家大都制定了完备的行业协会法律体系以实现行业协会的自治权,包括处于最高层级的宪法,基础性法律的民法和社会团体法,以及针对行业协会的专门组织法。于我国而言,虽然在各级政府颁布的各类文件中经常提及行业协会,但关于行业协会的法律法规却远远未到完备的程度。

在法律方面，尽管《中华人民共和国宪法》规定的公民结社自由权，《中华人民共和国民法总则》关于营利法人和非营利法人的相关规定均可以为行业协会的设立和运营提供基本的法律依据，但却缺乏了有关社会团体方面的基础法和行业协会的专门组织法。于前者，全国人大虽然已经将"中华人民共和国社会组织法"纳入了立法议程，但进展却非常缓慢，至今该法仍未出台。于后者，目前我国亦没有专门针对行业协会的统一组织法，只是在一些调整某个领域法律关系的部门法里面涉及了该领域内行业协会的相关问题，例如《中华人民共和国体育法》等。在法规层面，具有全国性普遍适用效力的行政法规只有2016年修订的《社会团体登记管理条例》。该条例主要规定的是社会团体设立、变更和注销登记等方面的内容，不涉及社会团体的财产属性、自治权的内容、运营行为的监管等重要问题。我国一些发达省份的人大率先一步颁布了关于社会组织日常运营方面的地方性法规，如广东省人大颁布的《广东省行业协会条例》。该条例虽然对"会员和组织机构""职能""管理""法律责任"等方面作出了规定，但存在的问题是：其一，未能对行业协会自治权中最重要的内容——社团罚作出规定；其二，未明确行业协会的财产属性；其三，虽然法条明确规定政府及有关部门不得干预行业协会机构、人事、资产、财务，但从该条例颁布10年以来的实际情况看，政府职能部门干预行业协会的现象仍层出不穷；其四，该条例仅能够适用于广东省范围内，不利于培养和建设全国性行业协会。

值得注意的是，广州市政府于2015年颁行了《广州市社会组织管理办法》。该办法在《广东省行业协会条例》基础上作出了更细致的规定，例如明确了社会组织财产的性质，对社团罚的种类进行规定，但存在的问题是：其一，社团罚规则仍然不够完备，例如不允许社会组织对成员进行财产处罚；其二，在社会组织侵犯成员正当利益的情况下，仅规定了政府职能部门对社会组织的处罚权而没有为成员提供其他的救济途径；其三，该办法仅是地方政府规章，不能作为法院解决纠纷的依据。

2. 行业协会自治权实现的对策

（1）尽快制定和颁行统一的行业协会法律。

不论是广州还是全国，改革开放40年来的发展已经催生了数量庞大的行业协会群体。然而，由于没有全国统一的法律，行业协会出现了形形色色的乱象，甚至产生了较为严重的社会矛盾和负面影响。广东虽然颁布了有关行业协会的地方性法规，但不足之处较多，试点立法色彩较为明显。该法规颁布至今已经超过 10 年，应当说已经为全国性统一立法积累了足够的经验。从另外一个角度来看，该法规颁布的这 10 年间，广东的行业协会经过快速发展已经出现了新的状况和问题，该法规已经无法对其进行妥当调整，必须进行修改。不难看出，全国性统一行业协会法律的制定已经到了势在必行的阶段。事实上，"行业协会商会法"早在 2009 年就被纳入了全国人大的立法规划中，经过这么多年的酝酿和探讨，也应当到了相对成熟的阶段，具备了统一行业协会立法所需的基础和条件。那么，统一行业协会立法应当规定哪些内容？其一，在立法指导思想上，应当以制约政府公权力的干预，确保行业协会的自主性和独立性为宗旨。这既是制约政府职能部门目前对行业协会进行经常性行政干预的重要支点，也是确保行业协会健康发展的必要前提。其二，在立法内容上，应当包括行业协会的设立、变更、监管，内部治理结构，章程的制定和修改程序，以社团罚为核心的自治规则体系，权利救济和保障途径，行政监管主体和监管事项，法律责任等内容。其三，行业协会的主体资格地位应当得到明确，不但包括民事法律主体资格，而且还应包括行政法律主体资格，以解决行业协会因社团罚涉诉的情况下究竟属于民事诉讼还是行政诉讼的困扰。

(2) 建构行业协会自治的核心制度——社团罚。

社团罚是行业协会进行行业监管最重要的工具，但同时也最容易引发行业协会与其成员间的纠纷，因此在行业协会统一立法中，社团罚制度的制定需要得到特别的重视。参照国外社团罚的立法经验，应当从以下几个方面建构我国的社团罚制度：

其一，在基本原则方面，应当对社团罚设立"章程明确规定、处罚程序正当、处罚公正公开"三大原则。章程明确规定原则要求：首先，社团罚的处罚事项应当由章程事先作出规定，行业协会无权就章程未规定的事项对成员进行处罚。其次，处罚的种类以及内容也应当在章程中予以明确，而且必须与处罚事项形成对应关系。再次，章程不得将关涉成员生存发展基本权利的事项，以及只有法律法规才能作出规定的处罚种类作为社团罚的内容。最后，章程还必须对作出处罚决定的机关、处罚的程序与救济途径作出规定。处罚程序正当原则要求：首先，在处罚决定作出以前，应当将处罚的事实、理由依据通知拟被处罚的成员，并给予该成员进行充分陈述和申辩的机会；其次，处罚决定应同时告知被处罚成员救济的途径，包括行业协会的内部救济途径和行政、司法等外部救济途径；最后，处罚程序应当参照诉讼法的规定，明确各阶段的时限等要素。处罚公正公开原则要求：首先，作出处罚决定的机关在人员组成上须具有公正性和公开性。在处罚决定作出以前，行业协会就应当公开处罚机关组成人员名单，与拟被处罚成员有利害关系的工作人员不得作为处罚机关的组成人员，拟被处罚成员以及行业协会其他成员对此有权进行监督并可以申请相关人员回避。其次，如果不是涉及商业秘密、个人隐私，那么就应当公开处罚决定作出的整个过程，拟被处罚成员在处罚决定作出过程中的各项程序性权利应当得到保障。最后，处罚机关的裁量权应当被限制在适当的范围内，处罚的结果除了应符合章程的规定以外，还应当与成员的主观恶意，情节的恶劣程度、损害的后果相适应。

其二，在处罚的种类上，可以设立资格罚、金钱罚和能力罚三种。资格罚是指针对成员在行业协会内的权利、资格进行限制或剥夺的处罚，它包括暂停参与社团活动、撤销社团职务、吊销由社团授予的资质认证、取消成员资格等。金钱罚是指对成员进行金钱方面的处罚。应予指出的是，行业协会统一立法必须明确规定经合法登记注册的行业协会有权实施金钱罚，以确保与《中华人民共和国立法法》《中华人民共和国行政处罚法》之间不产生冲突。此外，行业协会虽然有权对成员实施金钱罚，但没有权利扣押、占有成员的财产，而只能要求成员缴纳罚款。如果成员不缴纳罚款，那么可以通过更严厉的资格罚以促使其缴纳。名誉罚是指对成员名誉进行负面评价的处罚，包括警告、训诫、通报批评等。这种处罚方式虽然是三种处罚方式中程度最轻的，但却依然能实现不错的处罚效果。行业协会成员一般都非常重视其在行业内的声誉，如果声誉不好，那么其在行业内将受到排斥甚至被边缘化。行业协会实施的声誉罚则能够对成员的业内声誉形成实质影响。被处罚成员为了弥补受损的声誉，会认真吸取教训、诚信悔改，其他成员也会惧于声誉罚而不敢造次，由此达到较好的处罚效果。

其三，在处罚的救济途径上，应当建立起内部救济和外部救济两种途径。于内部救济途径方面，行业协会应当在处罚机关以外设立处罚监督机关，两个机关应由不同的人员组成。处罚监督机关有权对作出处罚决定的全过程进行监督，有权接受被处罚成员的申诉，对处罚行为本身的合法性、适当性以及合章程性进行调查。处罚监督机关如果发现处罚决定达不到这三性的要求，可以撤销处罚机关已作出的处罚决定。于外部救济途径方面，应当建立起以司法审查为主的救济途径。即被处罚的成员可以向法院提起诉讼，由法院对行业协会的处罚行为进行审查。应注意的是，为了保持行业协会的自主性和独立性，法院一般情况下只对处罚行为是否合法和合章程进行审查，即审查处罚是否有法律依据，章程是否对被处罚的事项、处罚的种类、处罚的程序作出明确规定，以及在处罚决定作出过程中成员的知情权、陈述申辩权等程序性权利是否得到保障等，而不审查处罚行为的恰当性。只有在处罚行为严重影响到了被处罚成员的生存发展时，才应当将处罚行为的恰当性作为司法审查的对象。除了司法途径，还应当考虑的一个重要问题是，对行业协会承担监管职责的政府职能部门是否应当作为具体处罚行为的监督主体？我们认为，由于目前行业协会与政府职能部门间普遍存在错综复杂的关系，为了对二者关系进行有效切割、实现行业协会的自治，政府职能部门不宜对行业协会的具体事务进行干预，包括针对某一成员具体实施的社团罚行为。不过，为了规范行业协会的行业管理行为，避免行业协会沦为行业龙头操纵行业、肆意妄为的工具，尽管政府职能部门不对行业协会具体实施的社团罚行为进行监督，但由其对章程中关于社团罚的规定进行审查还是非常有必要的。这种审查不但包括形式审查，还应当包括实质审查，即重点审查社团罚规定的恰当性。

为了使行业协会成员的正当权益得到保障，确保社团罚能够发挥出净化行业环境，整肃行业秩序的作用而不是成为打击同行的手段，社团罚司法救济途径的畅通和完善至关重要。因此，这里还需要进一步讨论的问题是，被处罚成员如果对处罚结果不服而诉诸法院，那么应当属于行政诉讼还是民事诉讼？这个问题不论在学界还是在实务界均有重大争议。我们认为行业协会统一立法中应当明确，除其他法律另有规定以外，针对社团罚提起的诉讼应为行政诉讼。理由在于，首先，行业协会针对成员作出社团罚，虽然在表面上受损的只是被处罚成员本身，但由于行业协会承担着对行业进行管理的职能，处罚行为实质上影响的是整个行业，其行为具有明显的公共性质。其次，目前不赞成将社团罚诉讼作为行政诉讼的主要理由是行业协会既不是行政机关，其处罚行为也缺乏法律法规的授权和行政机关的委托，因此不满足行政诉讼的条件。如果行业协会统一立法能顺利出台并明确将社团罚权力授予行业协会，那么支撑上述理由的根据就不复存在了，社团罚诉讼作为行政诉讼亦将毫无障碍。最后，社团罚纠纷适宜由法院的行政庭而不是民庭进行审理。民庭所处理的民事案件为平等主体之间的纠纷，而在社团罚纠纷中，行业协会与成员之间并非平等主体之间的纠纷，而是上对下、管理与被管理的关系。两种纠纷在性质、裁判思路、法律原理等方面均存在差异。行政庭所处理的行政纠纷与社团罚纠纷在上述方面存在极大的相似性，由其进行案件审理更有效率并能使社团罚纠纷得到恰当的裁决。另外，在我国当前的司法环境下，法院的民事审判庭常年承担着大量民事案件的审理工作，如果再把社团罚诉讼纳入民事诉讼的范围，将使其不堪重负。行政庭则是法院里较为"清闲"的部门，将社团罚诉讼归入行政诉讼的范畴并由行政庭进行审理，能够在较短的时间内对纠纷作出裁决，有利于纠纷的及时化解。

（3）完善行业协会内部结构，加强行业协会自身建设。

行业协会内部结构的不合理是当前制约各行业协会发展的重要因素。对此，统一行业协会立法可以参照《中华人民共和国公司法》（以下简称《公司法》）公司法中公司机关设置和权责分配的规定，理顺行业协会的内部结构。首先，应参照公司法关于股东大会的规定，明确成员大会是行业协会的最高权力机关。所有加入行业协会的成员均有权参加成员大会。成员大会的主要职权是制定和修改章程，选举行业协会的法定代表人，负责日常运营的机关、社团罚机关和监督机关组成人员，对章程规定的重大事项进行表决等。其次，应当参照《公司法》关于董事会的规定，明确负责行业协会日常运营的机关的权责、表决程序、组成人员的任职要求和任期等。最后，应当参照《公司法》关于监事会的规定，对监督机关的监督权，组成人员任免等内容作出规定。

除了行业协会内部结构不合理,行业协会运营资金不足亦是制约其发展的重要因素。在行业协会统一立法明确规定社团罚的基础上,行业协会可以在章程中规定对会员未能按期足额缴纳会费的行为进行处罚,以确保稳定的收入来源。在此基础上,可以借鉴德国、美国行业协会的经验,通过为成员提供多方面的服务获取更多收益,例如在职培训、市场推介、品牌包装、信息咨询、维权等。于政府扶持而言,在新常态下政府财政资金较为吃紧,未必能给予行业协会直接的资金支持,但政府可以通过税费方面的减免,减轻行业协会的运营成本。

(4) 厘清政府与行业协会之间的关系。

在新常态下,政府需要更加尊重市场规律,让市场规律在经济运行中发挥更大作用,才能持续保持经济发展的活力。基于此,简政放权应当成为新常态下政府改革的重要任务。就行业协会发展现状而言,政府干预过多亦是行业协会发育不足,无法实现自治的重要原因。因此,在促进行业协会发展策略上应当抓住新常态下政府简政放权的契机,将能够通过行业协会自治进行妥当管理的事项从政府职能部门完全转移给行业协会。要实现这一点,必须通过规范性文件明确划定政府监管行业协会的权力界限,其重点是必须充分赋予行业协会在人、财、事方面的自治权,政府职能部门不得对这些事项进行任何形式的干预。政府职能部门监管的重心应当是行业协会设立的审批和对违反法律法规规定的行业协会进行处罚两个方面。在设立审批方面,应当对设立行业协会的材料进行实质审查而不能停留在形式审查上,在处罚方面,政府职能部门不得超越《中华人民共和国行政处罚法》和将来出台的行业协会统一立法的规定。为了使禁止政府职能部门对行业协会进行不当干预的规定得到真正落实,避免出现虽有相关规定但却流于形式的结果,应当将此禁止性规定与政府职能部门的考核评估机制相结合,即应将政府职能部门对行业协会是否存在不当行政干预列入该部门考核评估的重要内容。同时,各级政府还应当为各行业协会对政府职能部门不当行政干预设立投诉渠道,用于收集考核评估的事实依据和信息。

（三）完善专家民事责任制度，划定科技中介从业人员的行为边界

专家民事责任主要分为对委托人的责任和对第三人的责任。其中，由于专家或专家所属的机构与委托人之间存在服务合同，专家因为过错行为而导致委托人损失时，很可能同时违反了合同约定，从而出现违约责任和侵权责任的竞合。正是因为这一点，以前不论是我国的学界还是实务界对专家民事责任究竟是违约责任还是侵权责任均存在较大争议，不过从学界现在的主流观点来看，专家民事责任被普遍界定为侵权责任。在发生侵权责任和违约责任竞合的情况下，由委托人选择其一进行诉讼，如果当事人选择违约责任，那么主要依据合同约定对纠纷进行处理，法律仅需对赔偿数额等问题进行限定而无需作过多干预。基于此，本章对专家民事责任制度的探讨主要集中在侵权责任方面。在侵权法上，完整的专家民事责任制度应当包括如下内容。

1. 专家民事责任的归责原则

侵权法上的归责原则主要包括过错责任原则和无过错责任原则，过错责任原则中还包括一般过错和推定过错。专家民事责任究竟适用哪种原则实际上牵涉到侵权法在保护对象上是否具有倾向性的问题。如果适用无过错责任原则，那么倾向保护的是被侵权人，因为该原则减轻了其举证责任的难度。然则，在专家民事责任领域，适用无过错责任原则并不适当。其原因在于，专家提供的服务通常具有较高的知识、技术含量，复杂程度和难度通常较大，容易受到不确定因素的影响，专家虽然具备专业的知识和能力，也难以保证其提供的服务尽善尽美、万无一失。如果专家民事责任适用的是无过错责任，那么将会大幅度增加专家的执业风险，其所处的行业将变成高风险行业，整个行业的发展必然会受到沉重的打击，甚至可能出现无人愿意从事专家服务的局面。

既然专家民事责任不适用无过错责任原则，那么应当适用的是过错责任原则中的一般过错还是过错推定？首先，我们需要明确的是，设立专家民事责任的目的不是为了确保出现完美的服务结果，而是据此敦促、迫使专家在提供服务的过程中尽职尽责，在专业知识和技能范围内竭尽所能。其次，相对于专家，委托人和第三人事实上处于非常弱势的地位。专家不论是在信息

的搜集和处理、对相关领域的熟悉程度还是在掌握的专业知识和技能方面，均远远超过委托人和第三人。在提供服务的过程中，专家还能利用自身的专业知识和技能转嫁风险，而服务对象往往对此毫不知情，更不要说对专家的服务进行监督。如果适用的是一般过错，那么委托人和第三人很可能根本没有能力举证证明专家在服务中存在过错。再次，适用过错推定虽然会在一定程度上增加专家的责任风险，但专家只要尽职尽责地提供了服务，那么结合手中掌握的与所提供的服务相关的材料，辅之以专业知识和技能很容易就能推翻被推定的过错。最后，专家执业的保险制度能够有效对冲适用过错推定所带来的职业风险。综上，专家民事责任应当适用过错责任原则中的过错推定。

我国学界主流观点亦认为过错推定适用于专家民事责任。如梁慧星教授主持起草的《中国民法典草案建议稿》"侵权责任编"中就明确指出应当适用过错推定。在此基础上，建议稿还进一步指出：在对专家或者专家所在的执业机构提起侵权之诉时，受害人应当提供相应的表面证据以初步证明专家有过错及专家的过错行为与受害人受到的损害之间存在因果关系。在表面证据能够初步证明过错和因果关系的存在时，推定存在过错和因果关系，但该专家或者其所在执业机构可举出相反的证据以证明不存在过错和因果关系。①

2. 专家民事责任的主体

虽然专家民事责任中的专家是指具有专业知识或技能，得到执业许可或资格证书，并向客户提供专门服务的人，专家民事责任指的是专家在执业过程中的过错行为给服务对象造成损害的赔偿责任，但过错行为的实施者和民事责任的承担者却是分离的。这是因为专家一般都不是以个人名义提供服务的，而是以其所在执业机构的名义向服务对象提供专业服务。专家所在执业机构主要有两种类型：一是合伙组织，二是法人。于合伙组织，在一般普通合伙的情况下，如果造成损失的专家本身是合伙人，除了合伙组织须以自己的全部财产对外承担责任以外，包括该专家在内的全体合伙人也须对合伙组织债务承担无限连带责任。如果该专家不是合伙人，那么合伙组织和其他合

---

① 梁慧星：《中国民法典草案建议稿》，法律出版社，2003年，第315页。

伙人在承担了赔偿责任后可向专家追偿。在特殊普通合伙的情况下，如果造成损失的专家本身是合伙人，承担主体亦为合伙组织和全体合伙人，只不过在损失是因故意或重大过失所造成的情况下，各合伙人是以其在合伙企业中的财产份额为限来承担责任；若非因故意或者重大过失，全体合伙人则须承担无限连带责任。于法人，承担专家民事责任的主体即为法人本身。同样的，法人在承担了赔偿责任后可以向该专家追偿。

3. 专家民事责任的构成要件

专家民事责任既然适用的是过错责任原则，那么就意味着需要四个构成要件，即过错、违法行为、实际损失、行为与损失之间的因果关系。

过错是认定侵权行为的核心要件，在其认定上主要包括主观过错标准和客观过错标准两种主张。主观过错标准要求必须有充分的证据证明行为人在主观上确实存在故意或者过失的心理状态，客观过错标准则以行为人在实施相关行为时主观上的谨慎和注意是否达到了法律预先设定的程度为尺度，如果未能达到，即为存在过错。客观过错标准由于能够在个人行为的边界与公共利益范围之间取得恰当的平衡，已经被许多国家所接受，并且在侵权法上具体化为注意义务的界定问题。具体而言，在比较法上对于注意义务的界定存在三种标准：①理性人标准，即在法律针对一般人实施某种行为提出要求的情况下，行为人在实施该行为时必须达到这个要求。②平均水平标准，即以从事某个行业的职业群体中处于平均水平的人在相类似的情形中实施同样行为时应当达到的注意水平。③家父主义标准，即行为人未能像一个善良的家父那样在同样的情形中认真谨慎地实施相关行为。在这三种界定标准中，理性人标准存在过于模糊，难以在司法实践中准确运用的问题。家父主义标准对行为人施加了过高的注意义务，不利于行业的发展。平均水平标准不但较为精确，易于司法操作，而且所设定的注意义务在程度上较为适当，应当为我国民事立法所采纳。在此基础上，法院在对专家民事责任纠纷进行裁判时，应当注意结合不同行业的特点、整体执业水平等因素界定相关行业职业群体的平均水平。应特别指出的是，我国不少行业现在都制定了执业规范或执业准则，这些规范或准则对专家的执业行为提出的具体要求应当作为法院界定行业平均水平的重要依据。专家若在执业中未能满足这些要求，在一般情况下应当认定为未能达到行业平均水平。

违法行为的认定与过错的认定在不少方面是重叠的,特别是在客观过错标准下,专家一旦违反注意义务,其行为就会被视为具有违法性。不过,这并不意味着行为违法性要件已经失去了意义,它除了作为客观要件为侵权责任制度所必须以外,在专家民事责任制度中忠实义务的界定上能够发挥重要作用。如专家在提供服务过程中的保密义务,在自身利益与委托人利益相冲突时不得实施损害委托人利益行为的义务,向委托人如实披露相关信息的义务等均应作为违法行为要件所包括的必要内容。

侵权法上的实际损失指的是被侵权人人身和既有财产方面遭受的损失,一般不包括纯粹经济损失。而在专家民事责任中,第三人的损失一般为纯粹经济损失,即因为信赖专家提供的建议作出错误决策而导致的损失。各国立法一般会对能够得到赔偿的纯粹经济损失范围进行限定,如在德国,纯粹经济损失要得到法院的支持,必须满足行为人主观上有故意和客观上侵权行为违背了善良风俗这两个要件。为了避免专家民事责任赔偿范围的过度扩大,德国的上述规定可作为我国完善专家民事责任立法的重要参考对象。

在因果关系要件方面,在专家的行为侵害了委托人权益的侵权纠纷中,适用一般侵权行为构成要件的"相当因果关系"能恰当地解决举证责任分配问题,这里不再赘言。在专家的行为侵害了第三人利益的情况下,德国法上以专家和第三人存在"接触"作为因果关系要件的要求之一,此立法例过于苛刻,不宜被我国立法所采纳。鉴于前文在第三人纯粹经济损失赔偿范围的限定上设立了专家主观上存在故意和其行为违背善良风俗这两个要件,已经能够有效避免专家对第三人承担过重的赔偿责任,因此在因果关系认定上我们可参照英国的立法例,仅需以专家能够合理预见其行为将导致何种范围内的第三人遭受损失即可。

4. 专家民事责任保险

专家民事责任保险是指针对专家的执业活动中因为过失导致他人人身或财产损失而承担的赔偿责任提供的保险。此类保险的特点包括:①仅涵盖因过失而产生的赔偿责任,因故意而产生的赔偿责任不在保险范围内;②保险合同通常会对被纳入赔偿范围的执业行为或者责任进行具体规定。专家保险责任能够在很大程度上减轻专家的执业风险，避免专家因执业上的过失而承受过重的赔偿责任，故此类保险虽然不是专家民事责任的组成部分，但却是使专家民事责任能够恰当发挥应有作用不可缺少的配套制度。值得思考的是，专家若投保了此类保险，是否会因为可以依赖保险赔偿而降低执业过程中的认真谨慎程度，从而引发道德风险？至少从此类保险产品推出以来的情况看，这种道德风险并未出现。究其原因，则在于执业过失所导致的赔偿责任虽然可以被专家民事责任保险所涵盖，但同时造成的专家名誉、信誉的损失却是专家所不能承受的。它会直接影响到专家以后的执业活动甚至是生存问题。出于对名誉和信誉的珍视，专家不会因为投保了此类保险而降低服务的质量。

5. 科技中介专家民事责任制度的建构中应特别注意的问题

在科技中介专家民事责任制度的建构和完善中，需要特别注意如下问题：①由于科技中介的种类繁多，应当由民法典对专家民事责任制度作出基础性规定，以确保能够将各种科技中介涵盖在内。②专家民事责任是针对有行业资格证书的专业人士专门设立的一种责任类型，其与执业门槛、准入资质的设立密切相关，在制度设计上需将两者结合起来进行综合权衡和考量。③鉴于专利代理、知识产权评估等服务较为复杂，宜通过专门立法或者司法解释的方式进一步细化民法典关于专家民事责任的基础性规定。

（四）打破融资难的法律障碍，增强科技中介融资能力

科技中介的融资活动既包括为自身发展进行融资，也包括为科技活动关联主体进行融资。就其融资现状看，这两个方面的融资活动均面临较大困难。导致融资难的原因有很多，既有科技中介和科技活动关联主体无法提供合格的抵押物、征信状况不佳等自身原因，也有新常态下银行等传统金融机构收紧放贷审查标准、风投等市场主体资金不充裕等宏观原因。在这诸多原因中，我国法律未能针对科技中介和科技活动关联主体的特点，建立和完善适于其开展融资活动的法律制度这个因素是无论如何也不能被忽略的。对于科技中介和科技活动关联主体，其拥有的知识产权常常是开展融资活动唯一的"筹码"。我国法律应围绕这一"筹码"，建立和完善知识产权质押、信托

和证券化制度,才是新常态下应对科技中介融资难问题的恰当策略。

1. 知识产权质押制度的完善

(1) 知识产权质押制度的现状。

我国虽然初步建立起了知识产权质押制度,但在从该制度立法和运行现状看,存在着不少问题。

其一,法律规定过于简单,难以满足现实需要。于基础法律层面,目前仅有《中华人民共和国物权法》(以下简称《物权法》)第223条、第227条和《中华人民共和国担保法》(以下简称《担保法》)第79条这三个条文对知识产权质押作出了直接规定,《物权法》第229条还规定"权利质权除适用本节规定外,适用本章第一节动产质权的规定"。上述法条的体系解释是,对于物权法未涉及的知识产权质押的其他内容,适用动产质押的规定。对于复杂的知识产权质押而言,这样简单的规定显然是不够的。动产质押的规定主要针对的是有体物,其在适用于客体具有无形性的知识产权质押时,在诸多方面存在障碍。此外,知识产权质押的客体不但种类繁多,而且类别间差异较大,需要通过具有针对性的特别规定才能进行恰当调整,而不能仅停留在笼统规定的层面。可是,在特别法上,除了《中华人民共和国著作权法》(以下简称《著作权法》)第26条对著作权质押登记作了简单规定以外,《中华人民共和国专利法》(以下简称《专利法》)和《中华人民共和国商标法》(以下简称《商标法》)均未对质押作出规定。在行政法规方面,《计算机软件保护条例》《集成电路布图设计保护条例》《中华人民共和国植物新品种保护条例》亦没有相应规定。在部门规章方面,国家知识产权局等登记机关主要围绕知识产权登记颁布了一些规章,包括《专利权质押登记办法》《著作权质押合同登记办法》和《商标专用权质押登记程序》。除了上述具有普遍适用效力的规定以外,各地还颁布了一些地方性法规、规章。遗憾的是,广东省和广州市还未对知识产权质押颁布专门性的规定。

其二,法律明确列明的知识产权质押客体范围有限。目前,《物权法》《担保法》等法律仅明确规定专利权、商标权和著作权可以作为知识产权质押的客体,对于商业秘密权、植物新品种权、集成电路布图权能否作为知识产权质押的客体未作出明确规定。在基础性法律未作明确规定,《集成电路布图设计保护条例》《中华人民共和国植物新品种保护条例》等行政法规亦未对此作出补充的情况下,这些权利能否作为知识产权质押的客体就存在重大疑问。即便根据 TRIPS① 对知识产权的界定,将《物权法》第 227 条规定的"注册商标专用权、专利权、著作权等知识产权"进行扩大解释,把植物新品种权包括在可以质押的客体范围内,也会因为缺乏质押的操作性规定而无法实际进行质押,如因登记机关不明确而无法对这些权利进行质押登记。

其三,在知识产权质押权利实现的制度规定方面,我国法律规定适用的是与不动产和动产完全相同的实现方式。即允许通过折价、拍卖或变卖等实现债权,而不允许质权人通过与出质人签订流质条款②,在后者无法偿还债务时直接获得被质押知识产权的全部权利。然则,在有形动产或不动产质押的场合,禁止流质条款的基础是质押标的的价值一般能够得到较准确的评估,因此为了保护出质人利益才不允许流质条款的存在。而知识产权质押最大的障碍在于难以对价值进行准确评估,这是其与有形动产或不动产的最大差异点。如果不允许流质条款的存在,那么有条件、有意愿获得并应用被质押知识产权的债权人就会失去签订质押合同的动力,这就极大地缩小了知识产权质押在市场中的实际应用范围。

其四,在知识产权质押评估方面,虽然我国对知识产权评估师和知识产权评估机构的资质作出了规定,提高了行业的准入门槛,但仍然存在诸多评估障碍和问题。首先,现行法对知识产权评估的方法、标准、程序未作硬性要求,导致了评估结论差别较大。目前,评估机构能够采用如收益法、成本法和市场法等许多方法对知识产权的价值进行评估。不同的评估方法在适用条件、局限性方面存在较大差异。以成本法为例,未来经济利益的发生时间、持续时间、数额以及可能面临的风险就被剔除出考虑范围,而成本构成是否悉数被纳入考虑范围、成本估算中的主观性是否被恰当排除等问题更直接影响了评估的精确程度。又如市场法,由于知识产权一般是私下交易而非公开交易,且经常与企业的其他资产一起被出售,所以评估机构很难获得参

---

① TRIPS 为 Agreement on Trade-Related Aspects of Intellectual Property Rights 的缩写。
② 流质条款是指在抵押或质押关系中,双方当事人关于债务人履行期满不履行债务时,债权人有权直接取得抵押(或质押)财产所有权的约定。

考数据。在这种情况下形成的评估结果的准确性必然大打折扣。不仅如此，即便针对同一项知识产权使用同种评估方法，由于统一评估标准的缺失，评估结论亦会出现较大差别。其次，知识产权评估机构普遍评估能力较差，评估经验不足，评估手段和工具较落后。虽然我国资产评估业已经发展了很多年，但知识产权评估对整个行业来说尚处于起步阶段。知识产权的无形性、以专利权为代表的知识产权包含的知识密集性和技术密集性使得知识产权评估的难度远远超过了一般资产，而大部分评估机构往往使用的是对一般资产的评估方法对知识产权进行评估，未能够掌握适于知识产权评估的工具和手段。此外，不少评估机构的主要业务针对的是一般资产，很少对知识产权进行评估，知识产权评估经验严重不足。最后，精于知识产权评估的人才缺乏。以科学技术为客体的知识产权是知识产权质押的主要对象。要对这种知识产权进行评估，评估机构中需要有既熟悉相关理工科知识，又掌握评估方法的工作人员，但就目前的情况看，具备这个条件的评估机构少之又少。

其五，知识产权自身的特点制约了知识产权质押的有效推广。首先，知识产权的无形性使得质权人无法对被质押的知识产权进行实际排他性支配。其质权不但时刻面临着被侵害的风险，而且这个风险难以进行准确的事前评估。其次，除了著作权因创作活动而直接获得以外，绝大多数知识产权都是由国家机关批准授予的。国家机关在发现已经授予的知识产权存在无效或可撤销的事由时便会否定该权利，此时质权人的质押权会因为标的的灭失而不复存在。知识产权是否会被撤销或者宣告无效，这是质权人难以准确把握的。最后，科学技术的快速发展造成以专利权为代表的科技型知识产权的价值难以得到准确衡量。20世纪后半叶以来，全球的科学技术发展迅猛，新发现、新技术层出不穷，科技型知识产权的价值很可能因为新发现、新技术而大打折扣，甚至变成一文不值，这种风险也是质权人所无法准确预估的。

（2）完善知识产权质押制度的对策建议。

其一，专门立法，对知识产权质押制度进行全面规定。随着知识产权在社会、经济生活中的作用越来越大，在民法典以外制定统一知识产权法典的必要性日渐突出。通过该法典对知识产权质押制度进行详细规定亦是完善该制度的最佳途径。若这个途径暂时无法实现，那么专门针对知识产权质押制定统一特别法或行政法规，也是解决目前相关法律规定过于简单，法条分布零散，部分规定位阶不高等问题的有效办法。

其二，在知识产权质押的客体方面，统一立法首先需要拓宽知识产权质押的客体范围并进行明确列举，在此基础上分别针对各类知识产权质押中的特殊事项作出专门规定。例如，在知识产权质押登记方面，需要分别就不同的知识产权明确质押登记的机关。虽然目前学界有观点认为应当建立统一的登记机关，但我们认为这个建议落实起来不但可能面临着现有登记机关的阻力，而且也不利于知识产权质押的发展。其原因在于，知识产权本身较为复杂且不同类知识产权间的差异很大，如果不是长期从事某种知识产权的行政管理工作，是难以应对知识产权登记中可能出现的诸多问题的。因此，现行法规定的不同类知识产权由主管该类知识产权的行政机关进行质押登记的规定应当得到坚持。此外，统一立法还需要针对不同登记机关和不同类知识产权的特点，对不同类知识产权的登记申请材料、登记程序等分别作出规定，为质押登记提供明确的指引。

其三，在知识产权质押权利的实现方面，统一立法应当在折价、变卖和拍卖以外，允许出质人和质权人在质押合同中约定流质条款，为那些有条件、有意愿获得被质押知识产权的债权人签订质押合同提供充分激励。此外，考虑到实务中存在以知识产权许可给第三方的收益权为质押客体的情况，同时也为知识产权证券化提供基础，应当首先把知识产权许可登记作为许可合同的生效要件，然后将质押登记和许可登记的受理机关进行统一并把登记信息集中到同一个登记系统中。此外，统一立法还必须强制规定，知识产权许可的对价应当按照出质人和质权人间质押合同约定的数额和付款时间，直接支付到质权人名下账户，以避免出现出质人恶意转移许可对价的现象。

其四，在知识产权质押评估方面，虽然我国的资产评估协会颁布了《资产评估执业准则——无形资产》和《专利资产评估指导意见》用于指导知识产权评估工作，但这些规定存在效力层级低，缺乏责任方面的规定，未能覆盖各类知识产权等问题。对此，首先应当由承担质押登记职责的各中央行政机关联合财政部、银行、知识产权评估行业协会等主体分别针对不同类的知识产权制定和颁行不同的评估守则或办法，作为评估机构和评估师在开展评估活动时必须遵守的行业规范。在立法条件成熟的情况下，再将行业规范上升为行政法规或者法律。其次，评估守则或办法应当对评估程序、评估方法的适用条件，具体的评估标准、评估报告的构成，风险提示要求，不适当评估的法律责任等作出规定。特别是在制定法律责任方面的规定时，应当注意与前文述及的专家民事责任立法相协调。再次，为了提升评估质量，确保评估的公正性和客观性，各地可以设立知识产权质押融资专家库。出质人或质权人可以结合自身情况，选择是否请专家库中的专家对评估机构出具的评估报告进行评价以及对被质押的知识产权进行二次评估。最后，在从业人员培养和评估机构建设方面，资产评估协会应当经常组织协会成员到美国和日本等评估业较发达的国家交流取经，或者聘请国内外资深评估专家对协会成员进行培训。

其五，对于因为知识产权自身的特点造成的评估困难和障碍，可以参照日本的作法，在国家层面设立专门的政策性银行或通过现有的政策性银行开展知识产权质押融资业务，由政策性银行利用国有资金和优惠政策，引导或联合商业银行为知识产权质押提供融资贷款。除此以外，各级政府也可以通过设立风险补偿基金的方式，引导商业银行开展知识产权质押融资业务。在这一点上，广州是走在全国前列的，值得全国其他地区借鉴。2016年8月，广州市知识产权局和财政局联合颁布了《广州市知识产权质押融资风险补偿基金管理办法》。该办法首先明确了基金的用途是补偿银行开展对科技型中小微企业专利质押融资服务时产生的部分风险损失，在此基础上对资金管理、运作方式、项目管理、补偿与核销、资金监督与考核进行了详细规定。对于一份具有先行先试性质的规范性文件来说，该办法已相对较为完善。如能依据该办法逐步开展相关工作并在充分积累经验的基础上，将基金的适用对象扩展到专利以外的其他知识产权，加大财政资金投入风险补偿基金的数额，进一步提高财政资金补偿在总补偿数额中的比例，那么广州的知识产权质押业务必然能得到更蓬勃的发展。

2. 知识产权信托制度的完善

我国的信托业是随着改革开放同步发展起来的。改革开放初期，在宽松的政策环境下，大量信托公司得以注册成立。后来由于缺乏政府对信托业的监管，行业乱象层出不穷，再加之经济和政策风险的负面影响，不少规模较大的信托公司或被撤销或倒闭。为了整治行业乱象，促进信托业的健康发展，全国人大于2001年颁布《中华人民共和国信托法》（以下简称《信托法》），2007年中国人民银行颁布《信托公司管理办法》。然而自此以后，虽然行业乱象得到有效治理，但信托业也出现了发展缓慢的状况，法律法规层面也鲜见新的规范性文件出台。于知识产权信托，更是缺乏相关的专门法律依据而只能依照《信托法》的规定进行调整。根据该法第七条："设立信托，必须要有确定的信托财产。本法所称的财产包括合法的财产权利。"知识产权信托的客体是权利，因此该条规定可以看作是为知识产权信托提供了法律上的可能性。不过，如果仅仅依靠《信托法》关于信托的普遍性规定是不足以解决复杂的知识产权信托关系的，实务中信托机构也因为信托法律制度的不完善而甚少针对知识产权提供信托服务。

（1）知识产权信托法律制度的现状与问题。

其一，知识产权信托的权利属性和归属有待明确。《信托法》第二条规定："本法所称信托，是指委托人基于对受托人的信任，将其财产权委托给受托人，由受托人按委托人的意愿以自己的名义，为受益人的利益或者特定目的，进行管理或者处分的行为。"该条规定存在的问题是，第一，没有明确信托是委托人将何种财产权委托给受托人；第二，在财产权转移上，该条所使用的"委托"一词未能明确表明是财产权归属的转移还是许可等其他委托方式；第三，该条采用"管理或处分"的表述方式，表明信托法允许委托人仅转移知识产权中的部分权利，如通过知识产权许可使用的方式进行信托。《信托法》的上述规定与传统信托制度间存在较大差异。在英美法系中，对于同一财产允许存在双重所有权，即受托人通过建立信托法律关系而享有普通法上的所有权，此时委托人享有的是衡平法上的所有权。普通法上的所有权赋予了受托人以自己的名义对受托财产进行经营管理的权利，而委托人根据衡平法上的所有权获得收益，但不得对受托人的经营管理行为进行干预。在大陆法系中，一旦建立起信托关系，信托财产除了收益权以外的所有权利都必须从委托人转移给受托人。不论是哪个法系，信托关系的建立都意味着财产所有权脱离委托人而转移给受托人。只有这样,受托人才能自由地依照自己的意思对财产进行管理,信托财产才能真正获得独立性。而依据我国《信托法》的上述规定,如果是通过知识产权许可等非转移全部权利的方式建立信托关系,那么受托人不但无法自由地管理和处分被信托的知识产权,也无法限制委托人将知识产权许可给其他人,更不能限制委托人转让知识产权的行为,在这种情况下,受托人缺乏开展知识产权信托的动力,也无法对被信托的财产进行充分利用。

其二,有关知识产权信托登记的规定不具有可操作性。登记是知识产权信托制度的重要组成部分。它既能够有效解决知识产权无形性特征所导致的公示性不足问题,也能够通过公权力机关的介入明确委托人和受托人各自所享有的权利和承担的义务。对于信托登记,我国《信托法》仅在第十条作出了如下规定:"设立信托,对于信托财产,有关法律、行政法规规定应当办理登记手续的,应当依法办理信托登记。未依照前款规定办理信托登记的,应当补办登记手续;不补办的,该信托不产生效力。"该条文仅规定了信托的必须要以登记为生效要件,不涉及知识产权信托的登记机关、登记应当提供的材料、登记的程序等操作层面的内容,《信托法》其他条文也并未对上述内容作出规定,由此导致知识产权信托根本不具有可操作性。

其三,信托重复征税问题未得到解决。在我国现行的征税制度下,包括知识产权在内的财产信托在两个方面存在重复征税的问题:①于设立信托环节,在信托财产转移给受托人时,受托人须承担纳税义务,而于信托终止环节,在信托财产转移给第三人或者委托人时,受托人同样需要承担纳税义务;②受托人在经营管理信托财产期间获得的收益需要缴税,将信托财产分配给受益人时也需要缴税。沉重的税务负担使得信托收益大打折扣,不利于信托业的发展。

其四,未能建立起信托风险分担机制。与知识产权质押相类似的,知识产权信托亦存在一些客观风险。这些风险主要来自于被信托的知识产权本身,具体包括前文提及的如专利权或商标权等被宣告无效,市场上出现新的替代技术,委托人将知识产权许可给他人使用,被信托的知识产权遭到他人侵权等。若由信托公司承担全部风险,那么必将打击信托公司提供知识产权信托服务的积极性。因此，美国、日本等发达国家纷纷通过保险等手段建立起知识产权信托风险分担机制，扩大风险承担的主体范围。而我国目前尚未建立起这种风险分担机制，《信托法》也未对此作出规定。

除此以外，信托业发展的现状也制约了知识产权信托业务的开展。知识产权信托与其他财产信托相比，信托标的较为复杂。特别是专利等知识产权包含大量的理工科知识，如果不理解这些知识，那么信托机构在权衡是否为某项知识产权提供信托服务时就无法作出准确的决策，在信托期间就无法充分地管理、利用和处分该知识产权。而我国目前信托机构从业人员大都不具备相应的理工科知识背景和水平，再加上由于知识产权信托法律制度不完善，信托机构普遍不重视该项业务，所以在人员招聘、培养等方面亦不会对自身的短板进行补强。这就进一步降低了信托机构开展知识产权信托业务的可能性。

（2）知识产权信托法律制度的完善。其一，明确知识产权信托的权利属性和归属。要真正建立起信托法律关系，被信托财产的所有权必须转移到受托人名下，由受托人以自己的名义进行占有、使用、收益和处分。《信托法》不但错误地使用了委托一词，将信托当成委托代理，而且在权利归属问题上语焉不详，给信托实务造成了极大困惑。对此，应通过修改《信托法》或在制定统一知识产权法典时，明确知识产权信托的权利属性和归属。具体而言，应当参照发达国家关于信托的规定，明确一旦建立信托关系，那么就应当将知识产权中除收益权以外的其他权利全部转移到信托机构名下。只有这样，后者才能通过占有、使用、处分等方式充分挖掘、利用知识产权，从而实现收益的最大化。这里值得探讨的是，著作权中的发表权、署名权、修改权和保护作品完整权这四项人身权利是否应当转移到信托机构名下？[①] 根据著作权法的规定，由于这四项权利与人身不可分割，不能随着著作财产权的权利归属变动而发生转移。在著作权信托的场合，亦不应当违背该项基本规定，即立法应对著作权信托作出特别规定，允许委托人保留著作人身权。

其二，强化知识产权信托登记的可操作性。在知识产权信托登记机关方面，虽然《专利法》《商标法》等知识产权方面的法律亦未对信托登记机关

---

① 尽管科技活动关联主体拥有的知识产权主要为专利权，但也不能排除其获得著作权并将之进行信托的可能，因此仍有探讨的必要。

作出规定，但这些法律就专利、商标等知识产权的其他登记事项还是明确规定了相应的登记机关。考虑到新常态下节约行政管理成本的必要性，知识产权本身的复杂性，以及既有的登记机关在长期的行政管理和登记工作中积累的丰富经验，知识产权信托登记仍应当根据被信托的知识产权的不同类型分别归由这些行政机关进行登记，如专利权信托应由国家专利局登记，商标权信托应由国家商标局登记。

在登记的内容上，除了须对信托法律关系中的委托人、受托人、受益人身份信息，信托财产的管理和处分方法，信托终止的条件及终止后信托财产的归属等信息进行登记以外，最重要的一点是要求当事人在登记内容中明确信托目的。信托目的的明确既是保护委托人利益的重要根据，也是其他市场主体决定是否就信托财产与受托人进行交易的重要考量因素。

其三，信托重复征税问题应得到尽快解决。信托重复征税加重了委托人和受托人的信托成本，不利于信托业务的发展。对此，应当遵从"谁收益，谁负担"的原则，将信托过程中的实际获益者作为相应的纳税人。[①] 具体而言，在设立信托时，知识产权从委托人转移到受托人名下，不论是前者还是后者均未因此而获益，不应当因知识产权转移行为本身而承担缴税义务。在信托期间，受托人虽然通过管理和利用被信托的知识产权获得收益，但受托人并不是该收益的实际享有人或者只能获得收益中的一部分，此时应暂不对该收益进行征税，而应当在受托人分配收益环节按照分配数额分别向受益人、受托人征税。除了通过获得信托知识产权的部分收益作为服务对价，受托人还可以通过信托佣金的方式收取服务对价，受托人作为佣金的实际享有人应当承担纳税义务。在信托终止时，如果被信托的知识产权出现增值的情况且该知识产权归委托人所有，那么委托人需要对增值部分承担纳税义务。如果被信托的知识产权归属于委托人以外的其他人，那么获得该知识产权的人应当承担纳税义务。

其四，建立知识产权信托风险分担机制。针对知识产权自身特点所带来的信托风险，除了可以参照前文在知识产权质押制度完善部分提出的思路，

---

① 郭俊：《完善我国知识产权信托融资模式的相关思考——基于国际经验的比较与借鉴》，《学习与实践》2015 年第 7 期。

由政府的政策性资金对信托机构开展知识产权信托业务提供补贴以外，还可借助保险的方式建立起风险分担机制。目前，我国关于这方面的规定尚未完善，发达国家在这方面的规定则能起到很好的借鉴作用。发达国家针对专利主要提供两种保险：一是专利执行保险，即以他人侵犯专利权人的专利权为应予理赔的保险事故，以专利权人提起侵权损害赔偿之诉的诉讼费用为赔偿范围。二是专利侵权责任保险，即以专利权人的专利侵犯他人的知识产权为应予理赔的保险事故，以专利权人因过失侵权所承担的损害赔偿额和诉讼费用为理赔范围。

3. 知识产权证券化机制的建立

迄今为止，尽管我国尚未进行过知识产权证券化的实践，但国务院很早就认识到知识产权证券化之于知识产权融资的重要性，并屡屡在政策层面明确鼓励、推动知识产权证券化的工作。

早在2004年国务院颁布的《关于推进资本市场改革开放和稳定发展的若干意见》就提出应当"丰富证券投资品种，建立以市场为主导的品种创新机制。研究开发与股票和债券相关的新品种及其衍生产品。加大风险较低的固定收益类证券产品的开发力度，为投资者提供储蓄替代型证券投资品种。积极探索并开发资产证券化品种"。经过多年资产证券化实践的探索，我国证券监督管理委员会于2013年颁布了《证券公司资产证券化业务管理规定》（下称《证券化规定》），对资产证券化的具体业务操作进行了详细规定。其中第二条将资产证券化业务界定为"以特定基础资产或资产组合所产生的现金流为偿付支持，通过结构化方式进行信用增级，在此基础上发行资产支持证券的业务活动"。证券公司需要通过设立"特殊目的载体"才能开展资产证券化业务。而所谓的"特殊目的载体"是指"证券公司为开展资产证券化业务专门设立的专项资产管理计划或者中国证监会认可的其他特殊目的载体"。在风险隔离方面，《证券化规定》第三条规定："因专项计划资产的管理、运用、处分或者其他情形而取得的财产，归入专项计划资产""专项计划资产独立于原始权益人、管理人、托管人及其他业务参与人的固有财产"。证监会颁布的《证券化规定》虽然不是专门指向知识产权证券化，但却为知识产权证券化奠定了必要的基础。

进入新常态以后，为了丰富融资途径，促进创业，知识产权证券化被明确写入 2015 年国务院颁布的《关于大力推进大众创业万众创新若干政策措施的意见》中。该意见在"搞活金融市场，实现便捷融资"对策部分提出应"丰富创业融资新模式。支持互联网金融发展，引导和鼓励众筹融资平台规范发展，开展公开、小额股权众筹融资试点，加强风险控制和规范管理。丰富完善创业担保贷款政策。支持保险资金参与创业创新，发展相互保险等新业务。完善知识产权估值、质押和流转体系，依法合规推动知识产权质押融资、专利许可费收益权证券化、专利保险等服务常态化、规模化发展，支持知识产权金融发展"。从上述内容可以看出，知识产权证券化已经被中央政府列为丰富融资途径，搞活金融市场的重要手段，下一步的任务是如何建立知识产权证券化机制，使其从纸面落到实处。然而，相比于知识产权质押制度和知识产权信托制度，知识产权证券化机制的建立不但最为复杂，而且面临的障碍也是最多的。

（1）建立知识产权证券化机制面临的障碍。其一，特殊目的载体的民事法律地位不明确。尽管《证券化规定》第二条对特殊目的载体的概念进行了界定，但并没有明确其具有何种民事主体资格。如果特殊目的载体的民事主体资格不明确，就会导致其权利义务的承担规则模糊不清，无法实施知识产权证券化过程中所必需的各种民事活动。因此，对特殊目的载体的民事主体资格进行界定是建立知识产权证券化机制的首要工作。

其二，现行民商事法律规定不利于设立特殊目的载体。从美国知识产权证券化情况看，特殊目的载体可以为公司、合伙和信托三种形式，但在我国现行法规定下，上述三种形式在开展知识产权证券化方面均存在一定的障碍。于公司这种形式而言，我国《公司法》允许设立有限责任公司和股份有限公司。虽然该法放开了最低注册资本额的限制并实行认缴资本制，通过有限责任公司或股份有限公司的形式设立特殊目的载体较容易，但公司在设立后发行知识产权证券时却会面临极大的障碍。其原因在于《证券法》对公司发行债券设定了很高的要求，该法第 16 条规定"公开发行公司债券，应当符合下列条件：股份有限公司的净资产不低于人民币 3000 万元，有限责任公司的净资产不低于人民币 6000 万元"，"累计债券余额不超过公司净资产的40%"。对于专门为资产证券化而设立的特殊目的载体而言，这两个条件均难以满足。于合伙而言，我国《中华人民共和国合伙企业法》规定，除了有限合伙人以外，一般合伙人需要对合伙企业的债务承担无限连带责任，而且有限合伙人不得经营和管理合伙企业事务。根据上述规定，诚然可以通过将知识产权权利人作为有限合伙人的方式隔离破产风险，但有限合伙中必须有一名以上的普通合伙人以对合伙事务进行管理，在知识产权权利人已经作为有限合伙人的情况下，证券公司作为合伙形式的特殊目的载体的设立者，作为知识产权证券化过程中各项工作的实际运作主体，只能以普通合伙人的身份出现在合伙型特殊目的载体中，那么其就必须对合伙债务承担无限连带责任。在这种情况下，证券公司根本就不可能开展知识产权证券化的业务。于信托而言，虽然根据《信托法》第16条之规定，通过信托可以将知识产权与特殊目的载体名下的其他财产进行隔离，避免破产风险的影响，但正如前文所述，知识产权信托目前存在立法漏洞和操作障碍，在这些漏洞被填补、障碍被扫除以前，无法作为知识产权证券化的实现形式。

其三，知识产权权利转移的标准有待明确。在一般资产证券化的过程中，所有权转移的标准是非常明确的，即依据《物权法》关于动产或不动产所有权转移的规定就能够将资产从权利人处剥离出来。然则，对于具有无形性特征的知识产权而言，在权利转移标准的设定上就不像动产和不动产那样简单。例如，以知识产权许可协议中的收益权作为证券化对象时，知识产权仍然掌握在权利人手中，权利人可将其权利进行重复许可授权，那么此时如何认定知识产权的转移是否达到了证券化对知识产权应从权利人处剥离的要求？在此种情况下，如果权利人在知识产权证券化以后又将该权利许可给第三人，原许可协议中的被许可人以权利人违约为由拒不缴纳许可费，如何保障知识产权证券化的收益？在知识产权的全部权利权益转移到特殊目的载体名下的情形中，如果权利人在知识产权证券化以后与特殊目的载体达成回授协议，即特殊目的载体将该知识产权重新许可给权利人，这是否达到了证券化对知识产权剥离的要求？上述这些问题都是我们必须要进一步明确的。

其四，知识产权证券的发行存在障碍。《证券法》是目前调整知识产权证券发行的主要依据。该法在公司发行证券方面作出了严格的规定，除了上文提及的对发行主体净资产的要求以外,该法第16条规定了公开发行公司债券的其他要求:第一,累计债券余额不超过公司净资产的40%;第二,最近三年平均可分配利润足以支付公司债券一年的利息;第三,筹集的资金投向符合国家产业政策。上述规定对知识产权证券的发行造成的障碍包括:第一,特殊目的载体专为知识产权证券化而设立,一般没有净资产,其在运营知识产权证券过程中的收益必须按约定的时间、约定的数额支付给证券投资者,支付完毕以后几乎不会剩下多少净资产。这就难以达到"累计债券余额不超过公司净资产的40%"的要求。第二,知识产权证券化的一般流程是先有知识产权证券化的需求,然后根据这个需求才设立特殊目的载体。作为刚设立的特殊目的载体,其实际运营的时间较短,无法满足"最近三年平均可分配利润足以支付公司债券一年的利息"的要求。第三,特殊目的载体发行知识产权证券获得的收益主要是支付给证券投资者,而不是用于实际生产,如何能达到"筹集的资金投向符合国家产业政策"的要求?

其五,我国证券评级体系不完备,缺乏统一的评级标准。与对知识产权本身进行评估不同的是,证券评级是指由独立的第三方机构对证券的资信风险、投资回报率、市场潜力等要素进行评价。由于证券信用评级会直接影响证券销售的价格和数量,因此其在资产证券化的过程中起到了不可忽视的作用。然而我国目前尚未建立起完善的证券评级体系,各评级机构采用五花八门的方法对证券进行评价,其评估方法是否适当,评估数据的采集是否完备均缺乏统一的标准。再加上知识产权证券化在我国属于尚未有成功先例的新事物,评级机构应当从哪些方面对知识产权证券进行评价,不同的方面应采用何种评价方法,不同的方面评价结果应在定级中占据何种权重等重要问题均缺乏相应的经验。在这种情况下,如何能够为知识产权证券投资者提供客观、准确的评级结果?

(2)建立知识产权证券化机制的对策。

虽然我国尚未有知识产权证券化成功的案例,知识产权证券化面临的法律障碍和现实障碍也不少,但这并不意味着不具备建立知识产权证券化的条件。事实上,我国改革开放40年的发展已经为知识产权证券化机制的建立奠定了重要基础。首先,随着我国整体科技研发水平的不断提高,我国的知识产权总量已经达到了非常可观的规模。以专利权为例，2017年我国发明专利申请量138.2万件，同比增长14.2%。PCT国际专利申请受理量5.1万件，同比增长12.5%。实用新型和外观设计申请量分别为168.8万件和62.9万件。截至2017年底，国内（不含港澳台）发明专利拥有量为135.6万件，每万人口发明专利拥有量达到9.8件。[①] 庞大的专利数量为知识产权证券化提供了广阔的证券化资产对象的选择空间。其次，中央和地方各级政府对促进科技研发活动的发展，多层次挖掘知识产权价值等方面的高度重视。前文述及的各级政府颁布的各种政策文件内容可以充分彰显这一点，而良好的政策环境则是推进知识产权证券化必不可少的重要条件。最后，不论是金融机构还是主管行政机关均已经对资产证券化进行了多年的探索和实践，在这个过程中积累的经验能够保障知识产权证券化机制建设的稳步推进。在这些前提条件都已具备的情况下，探讨如何建立知识产权证券化机制具有重要的现实意义。具体而言，以下几个方面是在知识产权证券化机制建立过程中必须得到重视的：

其一，进行知识产权证券化专门立法。现行调整资产证券化的《证券化规定》属于证券监督管理委员会颁布的部门规章，效力层级较低，其规定的内容不能跟《公司法》《证券法》等与知识产权证券化密切相关的法律相抵触。知识产权证券化有别于普通资产的证券化。要建立完善的知识产权证券化机制，在诸多方面均须作出与《公司法》《证券法》等相关法律不同的特别规定。在这种情况下，只有通过制定专门的知识产权证券化法律才能实现这一目标。

其二，修改相关立法，为设立特殊目的载体扫除障碍。虽然从国外知识产权证券化实践看，特殊目的载体的形式可以为公司、合伙和信托，但正如前文所指出的，依照我国目前民商事法律的相关规定，这三种形式都不适于作为特殊目的载体的形式。不过，相比较而言，选择公司和信托这两种形式较为可行，而且也符合发达国家知识产权证券化发展的趋势。于公司这种形式，需要对《公司法》进行修改，在有限责任公司和股份有限公司之外允许设立特殊目的公司，并根据知识产权证券化的要求对其作出特别规定。于信托这种形式，则需要针对前文述及的知识产权信托法律制度中存在的不足进

---

① 人民网：《国家知识产权局：2017年我国发明专利申请量同比增14.2%》，网址：http://politics.people.com.cn/n1/2018/0104/c1001-29746093.html，最后访问日期：2019年2月26日。

行弥补，才能使信托适于作为特殊目的载体的形式。

其三，在知识产权证券化专门立法中对特殊目的载体发行知识产权证券作出有别于《证券法》关于发行公司债券的规定。如前所述，特殊目的载体一般情况下均无法达到《证券法》对公司发行债券设定的要求，须在资产证券化专门立法中结合知识产权证券可能导致的风险类型、风险产生的根源以及特殊目的载体自身的特点，对发行知识产权证券的条件作出特别规定。

其四，在知识产权证券化专门立法中参照美国法的规定明确"真实销售"的类型和认定标准。知识产权从权利人转移到特殊目的载体是知识产权得以证券化的基础，而知识产权的转移是否为真实销售则决定着能否真正将知识产权从权利人手中被剥离。国外知识产权证券化实践中，知识产权真实销售的合法方式有很多，除前文述及的知识产权全部权益的转移、知识产权许可协议中收益权的转移，还包括债务更新、信托等。在美国法上，不论采用哪种形式，真实销售地必须满足如下几个方面的要求：首先，知识产权的拥有者应当是该知识产权的适格权利人，这个要求排除了诸如职务作品中的职工、许可使用协议的被许可人等非适格权利人的情形。其次，权利人和特殊目的载体间关于转移知识产权的意思必须是真实而无瑕疵的，并且达成合意。如二者间订立的合同名为权利转移，实为许可等情形则应当被否定。再次，权利转移的价格须合理。虽然从美国的实务看，由于知识产权证券化收益容易因受到外部风险的影响而降低，所以权利转移的价格一般会低于正常的市场价格，但只要不是过分低于该价格，权利转移的价格仍会被视为合理。最后，应当禁止在权利转移合同中出现追索和担保条款、回购条款和剩余权益索取权条款。美国作为知识产权证券化较为成功的国家，上述立法例值得我们在知识产权证券化专门立法中予以充分借鉴。

其五，加快证券评级体系的建设和完善，细化评级方法、流程、标准方面的要求。《证券市场资信评级业务管理暂行办法》出台以前，我国评级业鱼龙混杂、恶性竞争、诚信问题突出。证监会针对这种情况出台了该办法，从准入门槛、业务规则、监督管理等方面作出了规定，应当说在一定程度上净化了评级业的行业乱象。为了进一步促进我国评级机构的健康发展，证监会在此基础上还应当出台关于证券评级方法、流程和标准等方面内容的行业统一管理规范，加快评级业行业协会的建设，赋予其充分的自治权并由其负责引导建设合理的证券评级体系，从而实现对整个行业更深层次的监管，建立起完善的证券评级体系。

（五）改革政府绩效考核机制，确保监管和扶持工作落实到位

要使有关科技中介的各种规章政策真正落实到位，必须建立起完善的政府绩效考核机制，以确保政府及其相关职能部门对科技中介的扶持和监管职责落实到位。所谓政府绩效考核机制，是指按照预先制定的规则和标准，通过一定的技术手段，对政府提供的公共服务的效果和公共产品的质量进行的评估。其作用包括：①强化政府官员的责任意识。政府绩效考核机制要求政府官员对其工作的结果负责，而不仅仅是对工作过程负责，其目的在于充分发挥公务员的积极性和主动性，从仅对规则负责扩展到同样需要对结果负责。[①] ②提升政府的行政能力。通过对公共服务效果和公共产品质量的评估所形成的结果，能够将政府行政能力中的软肋和短板突显出来。这不但能为政府提升行政能力指明方向，而且其直观的考核结果能够使政府各部门间形成竞争意识，充分刺激政府提升行政能力的动力。③有助于提升财政支出的效率。政府绩效评估的结果可以作为不同政府部门间分配财政拨款的重要依据。对考核结果较好的政府部门分配较多的财政拨款，可以使该部门能够进一步发挥其主观能动性，提供更优质的公共服务和公共产品，同时也能够迫使考核结果相对较差的政府部门简政放权。这一点对于在新常态下确保政府财政收入得以高效利用具有重要意义。当然，政府绩效考核机制能够发挥上述作用的前提是其本身必须合理和完善，可从该机制在我国的运行现状看，存在着诸多制约上述作用发挥的问题。

1. 现行政府绩效考核机制存在的问题

（1）考核主体范围窄，考核方向单一。

完善的政府绩效考核机制中的考核主体应当是多元的，既有政府机关实

[①] 尼古拉斯·亨利：《公共行政与公共事务》，中国人民大学出版社，2002年，第284页。

施的内部评价，也包括来自权力机关、普通社会成员等其他主体的评价。多元评价主体作出的评价组成的结论才具有全面性和客观性。然则，我国目前的考核主体主要是政府部门，也就是主要依靠政府自己评价自己。虽然一些地方尝试了"万人评议大会"等社会普通成员评价的模式，但尚属凤毛麟角。在考核方向上，虽然存在部门内部同级之间的横向评估，但目前真正得到重视的仅是上级对下级的评价，包括上级机关对下级机关、机关的上级部门对下级部门、部门的领导对成员的评价。部分地区将社会公众的满意度也纳入到考核机制中，在一定程度上丰富了考核方向，但这种地区仅占少数，而且存在有资格参评的社会公众范围窄、筛选参评人员的过程随意性大、评价过程不公开等问题，导致社会公众满意度评价流于形式。综上，考核主体的范围和方向上的不足难以确保考核结果的客观性和准确性。

（2）考核指标体系不合理。

当前我国的政府绩效考核指标偏重于考核经济指标。虽然指标体系也将除经济指标以外的其他指标包括在内，但诸如人均GDP，财政收入增长水平等仍是考核的重中之重，这样就会使各级政府和官员在工作中过度重视招商引资，追求能够短期见效的政绩工程，而甚少顾及相关工作造成的长远、负面的影响。除了经济指标和短期指标所占的比重过大的问题，不同的考核主体的评价结果比重亦存在分配不科学的问题。例如，《广东省市厅级党政领导班子和领导干部落实科学发展观评价指标体系及考核评价办法（试行）》，虽然将群众满意度纳入了对市党政领导班子和领导干部的考核指标体系中，但是该办法第三十二条规定其权重仅占到了20%。

（3）考核依据、信息完整性和客观性不足。

考核的依据和信息是考核结论的基础，考核主体只有掌握完整和客观的考核依据和信息，才能作出恰当的评价。虽然随着政府信息公开条例的施行，政府信息公开的范围和质量有了很大的提升，特别是广州等一线城市在信息公开方面有了质的飞跃，但从信息公开的实际情况看，距离完整性和客观性还有一段距离。此外，政府信息公开条例中规定应当公开的信息仅是政府绩效考核所需信息中很少的一部分，其他信息的采集、使用和公开仍然存在一些问题，主要表现在如下三个方面：①在考核依据和信息的采集环节，由于没有形成常规化的采集机制，再加之采集技术落后，致使无法及时固定考核依据和信息；②在完成采集工作后，由于缺乏必要的管理机制，导致所采集的依据和信息或被闲置，或被遗失，或被无规律存储，难以成为可靠的评价基础；③在发布依据和信息环节，不及时发布，不愿意发布，仅发布对自己有利信息，隐瞒不利信息等问题较为突出。这就给上级对下级、同级其他单位之间、公众对行政机关的评价造成了极大障碍。在考核依据和信息缺乏完整性和客观性的情况下，即便考核主体实现了多元化，考核权重实现了科学化分配也无济于事。

（4）公务员的考核指标有待细化，考核方法过于简单。

在政府绩效考核机制中，除了应对各机关单位及其部门进行考核，对公务员个人的考核也是其中必不可少的组成部分。近年来，虽然各地纷纷开展启动了公务员考核，但相比于对机关单位的考核，对公务员的考核在不少方面都显得较为粗糙：首先，在考核指标方面，一般只设定了"德、能、勤、绩、廉"五个一级指标，在一级指标下要不没有设立二级指标，要不设立的二级指标过于空泛。其次，考核主体掌握的评价依据少，无法作出准确评价。在对公务员进行考核前，考核主体通常拥有的依据就是该公务员自己撰写的个人总结和个人评价，以及该公务员受到处分的记录，除此以外几乎没有其他客观依据。公务员自己撰写的个人总结和个人评价大都不可能自己贬低自己，其内容要么就是对自己大加褒奖，要么就是空话套话，甚至是从互联网上复制粘贴而成。在这样的依据上作出的评价，其准确性自然无法得到保证。最后，对公务员的考核以定性为主，定量为辅，偏重主观性而忽视客观性。考核主体主要依靠自己对被考核公务员的主观印象进行评价，而不是在层次分明、精细具体的考核标准之下，通过权重的科学分配和被准确量化的考核依据对公务员进行考核。采用这种定性为主、定量为辅的考核方式，考核主体基本不可能作出负面评价。这就无法通过考核发现公务员工作中存在的不足，考核的作用受到极大制约。

（5）考核过程的公开性不足。

考核过程的充分公开能够保证考核工作的客观公正，也能够增强考核结果的说服力，提升政府及其下属机关部门的公信力和社会公众的满意度。虽然考核过程的公开具有上述作用，但却在实践中未能得到应有的重视。从普遍情况看，政府一般很少通过报纸、电视、网络媒体发布开展绩效考核工作的消息，能够在官方网站发布相关信息就已经相当难得了。在这种情况下，除了考核主体和被考核主体，包括社会公众在内的其他主体基本上不可能了解政府是否进行了绩效考核，什么时候进行了绩效考核等情况。即便是公开发布了考核信息，在信息的内容方面，一般也仅是简单地陈述即将进行考核等内容，基本上不涉及考核程序和过程、考核主体、考核的标准等与绩效考核密切相关的信息。在实际进行考核时，往往是关起门来考核，没有为社会公众等其他主体提供监督的条件和途径。考核过程公开性的不足不但可能使考核流于形式，甚至是暗箱操作，而且也影响了政府绩效考核机制的正常运作。

（6）考核结果未得到充分的运用。

考核结果是政府绩效考核机制的最终产品，是花费了大量人力、财力等行政成本后的结晶，应当得到充分的利用。近年来，随着政府绩效考核机制的逐渐完善，考核结果开始在一定范围内得到运用，如作为财政拨款的依据和作为领导干部工作绩效评价的依据以及遴选晋升中"一票否决""末位淘汰"的依据等。政府在这个方面的进步是令人欣喜的，但存在的问题也是不容忽视的。首先，能够真正重视和运用考核结果的政府部门还不是很多，将考核结果束之高阁或进行简单通报了事的情况较为普遍。其次，未能建立起被评估主体对考核结果的异议机制。特别是在根据考核结果进行一票否决、末位淘汰的情况下，应当给予被考核主体对考核结果提出异议的途径，而不能仅根据考核结果就一锤定音，这样就走向了运用考核结果的极端。最后，考核结果的重要作用之一是帮助被考核主体发现自身工作的短板和不足，为其提升行政能力指明方向。要使考核结果能够发挥这个作用，除了必须有约束和激励机制促使被考核主体行动起来弥补其短板和不足，还需要对考核结果反映出来的问题进行专业化的分析，例如由行政管理方面的专家或绩效评估指标制定人协助被考核主体找出问题的根源。但就目前普遍情况看，这两个方面的工作都没有得到落实，考核结果能够发挥的作用有限。

2. 完善政府绩效考核机制的建议

在新常态下，我国社会和经济面临巨大转变，政府及其下属单位在开展行政工作中面临着更为复杂的情况。要想妥当应对这些情况，政府及其下属单位必须始终贯彻法治政府、服务型政府的建设目标，不断提升自身的行政能力和行政效率。科技中介在新常态下出现的经营失范和功能缺失问题就是复杂情况的典型代表，要解决这两个问题，必须通过调整和完善政府绩效考核机制，切实提升政府及其下属单位对科技中介扶持、监管的效率和能力，才能建立起一个充满活力和竞争力、秩序井然、行为规范的科技中介行业。具体而言，可从如下几个方面完善政府绩效考核机制。

（1）扩大考核主体的范围，丰富考核方向。

政府绩效考核机制中考核主体范围的扩大，能够提高考核结果的客观性和准确性。针对目前主要由政府机关系统内部的主体开展考核工作的现状，应当从政府机关系统外部寻求和增加考核主体，具体包括：①权力机关。全国及地方各级人大本身就有选举和罢免政府官员、监督政府工作的职责，而且作为由人民选举的代表，在民意收集方面具有其他主体无法比拟的优势，由其作为外部考核主体是当然的选择。②政协。政协是我国各民主党派进行政治协商、民主监督、参政议政的平台。各民主党派是汇集执政党以外的社会各界精英形成的组织，这些精英不但能代表统一战线上社会成员的声音，而且具有较高的政治素质和文化素质，完全有能力承担绩效考核的工作。为了使绩效考核工作能够落实到位，首先应当在法律上赋予政协参与政府绩效考核工作的权力，然后在各级政协中设立专门负责政府绩效考核工作的机构，实现政协对考核工作的常态化参与。③社会公众。社会公众是政府行政工作的最终对象，其对政府工作的满意度能够切实反映政府行政工作的水平，将其作为考核主体具有充分的必要性。针对目前社会公众参与政府绩效考核过程中存在的问题，应当加强参评代表遴选机制的规范化建设，使选择更加透明、公开和随机。此外，社会公众中与被考核机关的职权或行政行为相关的行政相对人，应当在对该机关的考核主体中占据一定比例。如科技中介应当成为知识产权局、商标局、科信局等单位的绩效考核主体的必要成员。④第三方组织。第三方组织作为由众多个体组成的社会团体，相比于普通的社会民众，其作出的评价结论不但较为客观和理性，而且也更为专业和精确。例如科技中介行业协会，它不但是行政相对人的集合体，能够代表集体发声，而且集中了大量行业精英，能够对政府及其下属单位作出较为精确、专业的评价，由其担任考核主体具有合理性。从另外一个方面看，这也是赋予行业协会自治权、避免主管机关不当行政干预的重要途径。考核主体的多元化能够充分丰富考核方向，而多方向考核结论汇集成的交点作为最终的考核结果，则确保了考核结果的客观性和准确性。

（2）科学设计考核指标体系。

在新常态下，GDP等经济指标不能再作为考核指标体系中的重点指标。经济增速客观上的放缓已经使经济指标的达成变为难以完成的任务，多年来经济高速发展积累下的其他方面的问题也不可能通过经济指标的达成而得到解决。因此，考核指标体系中的重点指标应当从经济指标转移到民生指标、环境指标、法治指标、可持续发展指标上，从追求数量转移到追求质量上，以引导各级政府及其下属单位真正重视并认真解决多年来积累下来的问题，积极寻求新思路应对新常态下出现的新问题和新情况。如应将科技中介被投诉数量、涉讼数量作为科技中介监管工作考核的指标，而不能只是关注科技中介数量、行业GDP数额等经济指标。此外，在各考核主体评价结论的权重设定上，应当降低政府机关系统内评价结论的权重，在考核主体多元化的前提下将权重进行科学分配。

（3）严格规范考核依据和信息的采集、保管和发布。

在考核依据和信息的采集环节，应当拓宽采集途径，例如通过随机电话访谈、发放电子和纸质问卷、手机APP、实地走访、舆情监察等方式丰富采集途径。采集到的依据和信息应当限时归档，有条件的情况下应当尽量形成不可篡改的电子档案，并将电子档案录入电子档案数据库中。在考核依据和信息的保管、处理环节，首先应当对管理主体、管理职责进行制度化规范，确保依据和信息得到全面、恰当的保管，然后在数据和信息处理方面应当与专业的数据库公司建立常态化的合作，由其设计出适于绩效评估储存、检索和调用的数据库软件。在考核依据和信息的发布环节，应当通过进一步完善政府信息公开条例或者通过专门的政府绩效考核信息公开立法，细化信息公开的主体、对象、范围、程度、责任等方面的规定，确保考核主体能够全面掌握考核依据和信息。

（4）细化公务员考核的各项指标，引入科学的考核方法。

在"德、能、勤、绩、廉"一级指标下，建立起具体、直观的二级和三级指标，各指标间界限应当分明，不能出现重叠设置。在完善考核依据和信息采集、保管和公布的基础上，对勤、绩这两个可以进行量化考核的指标进行定量考核设计，对廉这个难以量化但却事关公务员廉洁底线的重要指标实行一票否决。在难以量化考核的德、能方面，除了应当汇总系统内同一部门和其他部门公务员的评价意见，还应当尽可能采集部门外其他人员的评价意见，然后在此基础上进行综合评价考核。为了改变公务员个人总结和个人评价唱赞歌、空洞无物的普遍现象，应当制定个人总结和个人评价的撰写规范，使其言之有物，言之有据。

（5）强化考核过程的公开性。

要强化考核过程的公开性，首先应当在制度上将公开考核过程设定为被考核主体的法定义务，同时将其履行该义务的情况作为考核指标之一，迫使其主动、积极公开。在公开的具体要求上，于开始进行绩效考核以前，应当要求被考核主体通过报纸或电子公共媒体等手段发布绩效考核公告，公告须详细阐明被考核对象的基本情况、考核的流程、社会公众或第三方组织参与考核的途径、考核依据和信息的获取渠道等内容。在进行考核工作的过程中，应当在前文提及的多元考核主体中随机选任监督人员组成监督组，对考核工作本身进行监督。在考核完成以后，除了要公布考核结果，还需要同时公布考核过程公开的情况，增强考核结果的公信力。

（6）充分、恰当利用考核结果。

通过支出大量行政成本而形成的考核结果必须得到充分利用，否则就会使考核工作变成无意义的行政资源消耗。在充分挖掘考核结果价值的同时，也须注意避免考核结果至上主义，因为考核本身可能存在偏差，特别是在完善政府绩效考核机制的过程中，因指标设计不当、考核主体自身的因素所造成的偏差在所难免，故在考核结果的使用上除了应尽可能充分以外，还需要注意适当性的问题。具体而言，首先，应当将当次考核结果的使用情况作为下次考核的指标之一，以避免出现考核结果被闲置的情况。其次，应当建立被考核主体不服考核结果时的申诉救济机制，给予其充分的陈述和申辩的机会。如果被考核主体陈述的理由得当，那么应当给予其二次考核的机会。最后，对于考核结果揭示出的被考核主体存在的问题、短板和不足，应当通过建立跟踪评价机制对其解决问题、弥补短板和不足的状况和结果进行持续跟踪，如将这些状况和结果作为被考核主体下一次考核的指标，以此确保政府绩效考核能够真正发挥出提升行政机关行政能力和行政效率的作用。

（7）制定政府绩效考核立法，设立专门负责考核工作的行政机关。

上述六个方面的建议要付诸现实，不但必然会面临非常多的障碍和阻力，而且在具体工作的落实上还有很多细节问题需要在实际推进政府绩效考核机制完善的过程中有针对性地予以解决。考虑到上述因素，应由全国人大对政府绩效考核机制进行专门立法，以法律的形式对上述六个方面的建议中能够形成具体法条的内容进行规定。尤其值得指出的是，上述建议还包括了不少需要由恰当的主体执行和落实的工作，为了能够有效克服政府绩效考核机制完善过程中可能遭遇的障碍和阻力，同时也为了保证该机制在逐步完善后能够得到妥当运作，应当设立专门负责考核工作的高级别行政机关，这个机关在人、财、事方面应当独立于各级政府和其下属的行政机关，以保证其独立性和公正性。在该机关享有的权力方面，应当由政府绩效考核立法中作出明确授权，特别是应当授予其行政问责方面的权力，使其具有足够的行政权威和强大的执行力量，从而在我国真正建立起完善、可行的政府绩效考核机制。

（六）进一步提升规章政策的法治化程度、指向的精确度

广州作为我国的一线城市、改革开放的前沿阵地，市、区两级政府法治意识相比于内地许多地区要高得多，依法行政的理念也贯彻得较为坚决。其针对科技服务业和科技中介制定、颁布的规章政策在法治化程度、完善程度、可操作性等方面都是比较高的。其中，不少规章政策规定的内容和形式都是非常值得在全国范围内予以普遍推广的，具体而言包括：

1. 政策出台的体系性强，涵盖范围广

自 21 世纪特别是 2010 年以来，广州颁布的与科技服务业和科技中介有关的规章政策超过了 50 件，政策文件数量多、频率之密集在全国来说也是

不多见的。从规章政策的纵向体系上看，广州在宏观层面颁布了《广州市科技创新促进条例》《中共广州市委广州市人民政府关于加快实施创新驱动发展战略的决定》《中共广州市委广州市人民政府关于加快发展现代服务业的决定》《广州市科技创新第十三个五年规划（2016—2020年）》《广州国家创新型城市建设总体规划》等明确战略目标和任务，起到引导和指向性作用的框架性规章政策。在中观层面，颁布了在分解战略目标和任务基础上形成的落实具体目标和任务的政策文件，如《中共广州市委广州市人民政府关于推进科技创新工程的实施意见》《广州市关于落实创新驱动重点工作责任的实施方案》《广州市加快创新驱动发展实施方案》等。在微观层面，颁布了《广州市技术先进型服务企业认定管理办法》《广州市科技企业孵化器管理办法》《广州市人民政府办公厅关于促进新型研发机构建设发展的意见》《广州市人民政府办公厅关于促进科技、金融与产业融合发展的实施意见》等侧重于实际操作方面的规章政策，确保宏观和中观层面的目标和任务真正落地。在内容上看，广州目前颁行的规章政策涵盖了与科技服务业、科技中介有关的诸多方面，包括传统研发机构和新型研发机构发展、孵化器的认定和管理、科技成果转化、研发投入补助、大学生科技创业、科技专家信用管理、民营科技企业扶持、加强专利创造、资助专利申请、标杆企业和小巨人企业认定、领军人才引进、国有企业创新驱动、科技创新园认定和扶持、信息化和智能化建设、科技金融融合等。这些规章政策虽然还不能说实现了对科技服务业相关事项的全覆盖，但相对全国绝大部分地区来说，其涵盖对象已经较为全面。

2. 不少政策内容的周延性、可操作性较强

一般而言，由于政策文件多为政府因应社会经济情况变化在短期内作出的行政决策，因此政策文件在内容周延性和可操作性上并不像法律法规那样有严格的要求，但就广州市而言，其颁行的不少政策在内容周延性和可操作性方面却达到了较高的水平。例如《广州市国资委 科技创新委 财政局 统计局关于对市属企业增加研发经费投入进行补助的实施办法》对补助对象、补助经费来源、补助方式及依据、补助标准、工作程序、监督管理进行了详细规定。其中在补助对象的认定条件上做到了一般性规定和特殊规定相结

合,在补助标准上分为四小项,在工作程序上细分为七小项,具备了较强的周延性和实操性。又如《广州市科技企业孵化器管理办法》主要对孵化器的登记、认定和管理三个方面进行规定:在孵化器登记方面,规定了条件、登记材料和登记程序;在认定方面,详细规定了市级孵化器的认定条件、材料和程序;在管理方面,则围绕对孵化器的绩效考核和信息公开等进行了详细规定。该办法的周延性和操作性在上述细密的规定下得到了充分的保证。

3. 不少政策在细分任务的基础上充分明确了任务落实主体

近年来,广州颁布的不少规章政策中最值得我国其他城市学习的是能够将规章政策目标细致地分解为具体任务,并明确将各项任务落实到具体的单位,而且还细化到了哪个单位牵头、哪个单位配合。例如,《中共广州市委广州市人民政府关于建设智慧广州的实施意见》将总目标拆分为六项具体目标,然后再分解为49项任务。这49项任务并不是无序排列,而是分为六大类、十一小类:第一,建设智慧广州新设施,强化综合门户城市功能,包括构建枢纽型国际信息港和推进城市基础设施智能化;第二,推进智慧广州新应用,推动公共管理和服务创新,包括建设高效便民的电子政府和着力推进城市管理智能化;第三,发展智慧广州新产业,促进经济发展转型,包括着力发展新一代信息技术产业,着力打造网络商都,推动传统优势产业智能化,建设智慧型产业集聚区;第四,发展智慧广州新技术,增强自主创新能力;第五,创造智慧广州新生活,促进幸福广州建设,包括着力发展智慧民生服务,着力营造智能化生活环境,建设智慧广州示范区;第六,保障措施。在将总目标拆分为具体目标的基础上,进一步分解出具体任务并在每一项具体任务内容的结尾处明确规定了落实单位。在这一点上,不论是重点任务还是次要任务均是如此而没有遗漏。例如,构建枢纽型国际信息港这一重点任务下的宽带网络工程建设工作,牵头单位为市科技和信息化局,配合单位为市文化广电新闻出版局、中国电信广州分公司、中国移动广州分公司、中国联通广州分公司等。于建设城市大数据信息资源库工作,牵头单位为市科技和信息化局,配合单位为市发展改革委、市统计局、市公安局、市人口计生局、市工商局、市质监局、市国土房管局、市规划局、市卫生局、市民政局、市流动人员出租屋管理办等。在保障措施中的加强宣传培训这个相对不太重要的任务上，也明确了牵头单位为市科技和信息化局，配合单位为市教育局。

以上简单的梳理可以看出，广州在规章政策的法治化建设方面确实走在了全国前列，值得充分肯定。不过，如果以更高的法治化要求作为标准，广州的规章政策法治化水平还有较大的提升空间，特别是在针对科技中介的扶持和监管方面，还有不少应当予以改进和完善的问题。对此，前文在规范性文件的分析中已进行了详细阐述，这里不再赘述而仅针对这些问题提出如下对策。

1. 逐步改变以政策为主、法律法规为辅的规范性文件体系

对科技中介进行扶持和监管对政府而言确实是新事物，需要其摸着石头过河。政策虽然因其具有灵活性、及时性等优势，适于作为先行先试的工具，但其同样存在出台程序简单、变动可能性大等不足，不能作为长久的扶持和管理依据。例如，上文提及的《广州市科技企业孵化器管理办法》，2015年颁布施行的版本（穗科创〔2015〕2号）第二十三条规定："本办法自发布之日起实施，有效期5年。"2016年在对该办法进行修订的基础上颁行了新的版本（穗科创〔2016〕88号），该版本第二十三条规定："本办法自发布之日起实施，有效期5年。《广州市科技企业孵化器管理办法》（穗科创〔2015〕2号）同时废止。"虽然两个版本均把政策有效期定为5年是为了给予市场主体较稳定的规则预期，但是2016年新规却直接否定了2015版本关于有效期5年的规定，相关市场主体难免会担心2016年的规定是否也会被2017年或2018年可能出台的新规所修改，甚至是直接废止。在这种情况下，政府公信力受到损害，市场主体无法形成稳定的规则预期等负面结果的出现就难以避免了。从这个例子能够看出，政策并不能作为扶持和监管科技中介的长久之策，在先行先试获得必要经验教训的情况下，应当将政策上升为广州的地方性法规，甚至是可复制的可全国推广的法律、行政法规。特别是在科技中介功能完善和规范运营法律问题的解决方面，为了实现全国法制的统一性和市场规则的一致性，形成具有全国普适效力的法律和行政法规尤为必要。广州作为改革的领军城市，应当先行出台地方性法规，积累法规的适用经验，然后上报给全国人大和国务院，为法律和行政法规的出台提供重

要参考依据。

2. 强化现有规范性文件的实用性,理顺法律法规与政策之间的关系

以战略规划、宏观任务为主要内容的规范性文件能够起到向市场主体、社会公众表明人大、政府等国家机关对经济社会某些方面发展方向的倾向性态度和总体安排,具有一定的存在价值。然则,这种规范性文件在数量上不宜太多,在形式上不宜以法律法规的形式出现。从我国社会公众、市场主体当前的心态来说,务实不务虚已经成为对政府工作的主流期待。社会公众和市场主体更关心的、更信赖的是那些实操性较强的规范性文件,而不是相反。因此,在制定规范性文件时,应当尽量减少表态性质的措辞,强化程序规定、注重落实措施、明确责任主体等与实操性密切相关的方面则应当成为规范性文件,特别是政策类文件的主要内容。此外,法律法规作为结构和内容要求最为严格的规范性文件,若作为表态性规范文件的具体表现形式,不但不能起到其作为调整社会关系工具的应有作用,而且会损害法律自身的权威。表态性规范文件应当以政策的形式出现,然后通过行政命令贯彻下去即可,而无需借助法律法规。广州颁布的与科技中介有关的不少规范性文件确实具有较强的实操性,但还有相当一部分规范性文件的实操性有待提升,如政策类的《关于推动市属国有企业加快创新驱动发展的若干意见》《关于加快实施创新驱动发展战略的决定》《关于促进改革创新的决定》等。在法律法规类的规范性文件方面,以《广州市科技创新促进条例》为例,应当删去表态性的或纯粹阐述政府发展计划的内容,尽可能完善法律责任方面的规定,如各单位承担的义务应与责任形成一一对应关系,各单位承担的法律责任应具体明确其形式等。

3. 提升扶持政策的指向精确性,加强对科技中介的监管

在推动科技创新方面,广州可以说是不遗余力,出台了大量的政策规定。然而如前文所述,绝大部分扶持政策规定并没有明确指向科技中介,而是指向了科研机构、科技企业等科技活动的关联主体,或者指向的是科技服务业。在政府财政资金的投入方面,也主要是投向这些主体或者基础建设方面。在科技中介诸多类型中,被明确列入扶持对象范围的主要是孵化器,有官方背景的科技成果转化机构和科技园,未能真正惠及此范围外的大量科技

中介。对此，应当出台明确将其他类型的科技中介列入扶持范围的政策文件，为各类科技中介的发展提供支持。在政策完善性方面，应当在对科技中介进行分类的基础上，根据不同类型科技中介的特点分别提供支持措施，不能简单地将科技中介视为一个整体而不加区分。在对交易平台型科技中介扶持方面，应当重点提升其信息获取能力，如建立其与企业行业协会、高校、科研机构的系统、数据库的对接窗口。在对专利代理机构的扶持方面，则应重点培养其专利代理申请书的撰写能力，如定期邀请北京或国外的同行专家进行轮训。

加强对科技中介的监管是目前广州在促进科技中介发展方面最应当抓紧落实的工作。现有的规范性文件多围绕扶持问题展开，针对监管问题形成的规范性文件过少。而在那些为数不多的监管类规范性文件中，监管主体不明确、监管责任有待细化、处罚规定力度不够等问题也较为突出。需要再次强调的是，要实现有效监管，仅依靠政策和规章是远远不够的。特别是在处罚的规定方面，规章和政策能够规定的处罚方式和力度有限。对于这个问题，应当通过市级人大及常委会，制定和颁布有关科技中介监管的统一型或组合型地方性法规。不论采用的是哪一种法规形式，都应当在区分科技中介不同类型的基础上，明确与各类科技中介相对应的政府行政监管机关，然后分别针对各类科技中介业务活动经营失范的主要现象和典型行为，设定详细的禁止性规定，并在此基础上为每一条禁止性规定设置以行政处罚为主的法律责任，由此形成对科技中介经营行为的严密规制，净化科技中介的行业秩序。

第三节 科技中介功能完善和规范运营问题的非法律解决途径

虽然法律途径能够有效解决科技中介功能缺失和运营失范的绝大多数问题，但要真正实现科技中介功能完善和规范运营的目标，仅依靠法律途径是不够的。在那些法律途径无法发挥或不适宜发挥作用的领域，需要辅之以非法律途径作为必要的补充。二者组成的对策体系共同发挥作用，才能使科技中介功能与运营方面存在的问题得到全面解决。

（一）加强人才培养，吸引和促进人才自由流动

科技中介作为为科技活动全流程各环节、各关联主体提供复杂、专业服务的机构，人才是其具有核心竞争力的关键因素。目前，不论是广州还是全国绝大部分地区，人才荒已经成为除资金以外制约科技中介发展的最主要障碍。如果这个问题得不到解决，那么不论法律途径再怎么完善也无济于事。对此，应当从以下三个方面加强科技中介人才队伍的建设。

1. 高等教育应着力于复合型人才的培养

科技中介既需要理工科、法律、会计、金融、管理等学科的专业人才，也需要具备熟练掌握上述两门或两门以上学科知识的复合型人才。我国自20世纪70年代末改革开放恢复高考以来，各大高等院校对于专业人才的培养经过了长期的探索，已经造就了一大批现在活跃于各行各业的专业精英。然而在复合型人才的培养上，虽然不少高校早在几年前就已经提出了这个方面的培养目标，但却没有能够真正培养出被社会和市场认可的复合型人才。究其原因，则主要是因为改革的魄力不够，未能在复合型人才培养方面大胆创新。因此，要培养出合格的复合型人才，不但要有改革攻坚的充分决心和勇气，还需要破旧立新，敢于创造新的教育模式，在具体的对策层面则包括：第一，应当突破四年制普通本科教育的学制年限，针对复合型人才的培养设立五年甚至更长的培养期限，使选择成为复合型人才的学生能够有足够的时间学好两门或两门以上的学科知识。第二，对复合型人才培养中每一门学科知识的培养强度、要求程度均不能低于该学科专门人才的培养和考核，即在开设的课堂教育的课程种类、数量、时长以及期末考试、毕业要求方面应当尽可能与专门人才的培养保持一致。第三，应当加强高等院校内各院系间的合作和联系，通过设立专门的复合人才培养学院或者建立院系间关于复合型人才的联合培养机制。第四，可以尝试打破目前本科教育与研究生教育间的相对独立的培养体制，将本科教育与研究生教育捆绑在一起，以七年为完整的教育周期，将复合型人才知识结构的基础部分和上层部分的教学和实践进行整体编排和分配。

2. 注重科技中介从业人员的职业教育和培训

除了依靠高等教育改革以外，对科技中介从业人员的职业教育和培训也

是解决科技中介人才荒问题的重要手段。在教育和培训内容上,除了应注重对科技中介从业人员进行职业技能方面的培养,还应当将教育内容扩展到多学科基础知识、职业道德和素养方面。为了能充分激励科技中介从业人员参与职业教育,须围绕科技中介的服务范围设立相关的职业资格考试。在培训主体上,可以由国内外科技中介领域内的资深人士、高校相关领域的专家教授等担任。在培训手段上,周期性课堂教学、网络远程教育、系列性培训讲座等都应当成为考虑对象。

3. 吸引其他行业的精英人才,打破人才流动的障碍

相比于前两种途径在人才产出方面需要一定的时间,将其他行业的精英人才吸引到科技中介行业中是能够对解决人才荒问题起到立竿见影效果的途径。在人才引进对象上,尤其需要重视吸引科技活动关联主体中的精英人才。他们长期从事与科技活动密切相关的各种工作,不但熟悉整个行业的情况,而且转行的知识障碍、能力障碍也较小,经过短时间的自我调适就能快速融入新的行业中。问题的关键是如何吸引这些人才:首先,政府应当在制定与科技中介有关的各种政策时,在实施与科技中介有关的各种具体行政行为时应当给予科技中介足够的重视并赋予其较高的地位。其次,政府要投入必要的财政补贴资金,吸引精英人才加入科技中介队伍。广州在吸引科技研发人才方面已经下了很大的力气,如《2016年"珠江人才计划"海外青年人才引进计划》罗列的人才待遇条件就非常具有吸引力。那么在科技中介人才引进方面是否也能考虑以同样的力度,提供能够引人侧目的条件。最后,应当敢于打破人事体制的藩篱,允许高校、科研机构的人才到科技中介兼职或通过在原单位停薪留职的方式到科技中介专职开展工作。目前,人社部已经在这个方面放宽了要求,其颁布的《关于支持和鼓励事业单位专业技术人员创新创业的指导意见》就明确表态允许高校教师等专业技术人员离岗创业。可是,在意见的具体落实层面,如职称评定、绩效考核等与专业技术人员利益密切相关的规定还须进一步细化,那么广州,甚至是广东能否在这个方面继续保持先行先试的勇气,率先引导高校完善具体的规则建设?

(二)加强财政资金投入,重视税收优惠支持措施

目前,以广州为代表的一线城市非常重视对科技研发创新主体的政府资

金支持力度，但对科技中介的财政支持却远远不足。除孵化器、有官方背景的科技园和科技成果转化机构以外，其他科技中介很难享受到政府财政资金的支持。例如，广州的众创空间当前面临的最大问题就是缺乏相应的资金。众创空间作为企业具备入驻孵化器条件前赖以发芽的土壤，若其得不到充分发展，那么孵化器就难以引入具有高成长性的入孵企业。可是，现行的各种政策文件却鲜有涉及支持众创空间的内容，而主要针对的是孵化器。此外，即便是在能够得到政府财政资金支持的孵化器、科技园和科技成果转化机构，也主要是那些有官方背景的，能享受财政资金支持的民营企业少之又少。以孵化器为例，政府财政资金支持的数额是与孵化器定级相挂钩的，能够被认定为省级、国家级孵化器的主要是大学等事业单位设立的孵化器，民营型孵化器很少能够被评定为如此高的等级，其能够从政府获得的资金就相当有限了。对于上述问题，政府除了应当加大财政资金的扶持力度，惠及更多的科技中介类型，还应当平等对待民营科技中介和有官方背景的科技中介，使两者能站在同一起跑线上展开竞争。

考虑到新常态下政府财政资金的有限性，除了直接的财政资金支持，其他方式的财政支持手段也应当得到重视，如税收优惠就应当成为新常态下政府扶持科技中介发展的重要措施。然而，相比其他方面的政策文件，广州颁布的税收优惠政策文件在数量上要少得多。此外，税收优惠政策还存在操作性有待提升、没有明确将税收优惠对象指向科技中介等问题。如根据《广州市技术先进型服务企业认定管理办法》，科技中介须通过技术先进型服务企业的认定才能获得税收优惠。可是目前广州科技中介普遍难以达到该办法规定的技术先进型服务企业的认定条件，几乎不大可能享受到该办法规定的税收优惠，而且该办法也并未明确诸如税收优惠的幅度、通过何种形式享受税收优惠等重要内容，税收优惠政策的落实存在一定的障碍。对此，政府应当进一步放宽税收优惠的条件，扩大适用对象的范围，同时应当制定和颁布税收优惠政策的实施细则，为科技中介的生存和发展减轻负担，使其能轻装上阵，充分发挥主观能动性参与市场竞争，进而在市场的优胜劣汰中实现功能的完善和能力的提升。

（三）强化科技中介行业内和行业外的联系和互动

科技中介拥有丰富的社会、行业资源是其能够提供高质量、高水平服务的重要条件。若科技中介具备这个条件，那么在业务开拓、信息共享、合作共赢、人才培养等诸多方面都将取得较大的进步。从广州科技中介现状看，不论是行业内还是行业外的联系和互动强度和频率均偏低。科技中介的对外联系多依赖的是企业股东自身的资源。要改变这种局面，政府职能部门的介入和引导是非常有必要的。在强化行业内的联系方面，政府职能部门可以通过引导组建各类科技中介的行业协会，再由后者承担强化行业内联系的任务，也可以将同一个政府项目分包给若干个科技中介，使其在合作完成项目的过程中彼此充分了解，建立起信赖合作关系。于强化行业外的联系方面，则更需要政府职能部门在其中穿针引线，搭建交流途径和桥梁。例如，通过经常组织交流会、洽谈会等方式为科技中介与行业外其他市场主体加强联系提供平台，引导行业外和行业内的市场主体相互推送项目信息等。

参考文献

[1] 张铣. 先合同信息披露法律制度研究 [M]. 北京：法律出版社，2015.

[2] 刘锋. 中国科技中介发展研究 [M]. 成都：西南交通大学出版社，2014.

[3] 吴泗. 科技服务业发展生态研究 [M]. 北京：光明日报出版社，2012.

[4] 陈天荣. 科技中介发展动力研究——兼论嘉兴对策 [M]. 北京：北京理工大学出版社，2011.

[5] 唐恒. 知识产权中介服务体系的构建与发展 [M]. 镇江：江苏大学出版社，2011.

[6] 王庆金，曹艳华，周雪. 科技中介组织与区域创新体系研究 [M]. 北京：人民出版社，2011.

[7] 陈钊. 信息与激励经济学 [M]. 杭州：浙江人民出版社，2010.

[8] 斯蒂格利茨. 信息经济学：基本原理 [M]. 纪沫，陈工文，李飞跃，译. 北京：中国金融出版社，2009.

[9] 于庆东，李恒光. 自主创新的助推器——科技中介企业孵化器 [M]. 北京：经济科学出版社，2009.

[10] 原毅军. 科技中介机构的发展与展望 [M]. 大连：大连理工大学出版社，2007.

[11] 弗鲁博顿，芮切特. 新制度经济学：一个交易费用分析范式 [M]. 姜建强，罗长远，译. 杭州：浙江人民出版社，2006.

[12] 德国民法典 [M]. 陈卫佐，译注. 北京：法律出版社，2006.

[13] MARKESINIS, BASILl S., UNBERATH, et al. The German law of contract: a comparative treatise [M]. 2nd ed. Oxford: Hart Publishing, 2006.

[14] 田韶华，杨清. 专家民事责任制度研究 [M]. 北京：中国检察出版社，2005.

[15] 法国民法典 [M]. 罗结珍，译. 北京：法律出版社，2005.

[16] 曼昆. 经济学原理 [M]. 梁小民,译. 北京:机械工业出版社,2005.

[17] 张维迎. 博弈论与信息经济学 [M]. 杭州:浙江人民出版社,2004.

[18] 梁慧星. 中国民法典草案建议稿 [M]. 北京:法律出版社,2003.

[19] 薛求知,黄佩燕,等. 行为经济学——理论与应用 [M]. 上海:复旦大学出版社,2003.

[20] 翟鸿祥. 行业协会发展理论与实践 [M]. 北京:经济科学出版社,2003.

[21] 鲁篱. 行业协会经济自治权研究 [M]. 北京:法律出版社,2003.

[22] 亨利. 公共行政与公共事务 [M]. 北京:中国人民大学出版社,2002.

[23] 王泽鉴. 民法学说与判例研究 [M]. 北京:中国政法大学出版社,2001.

[24] 王泽鉴. 民法总则 [M]. 北京:中国政法大学出版社,2001.

[25] STEFAN, WOLFGANG, STEPHEN. Party autonomy and role of information in the internal market [M]. Berlin:Walter de Gruyter, 2001.

[26] 卢现祥. 西方新制度经济学 [M]. 北京:中国发展出版社,1996.

[27] 尹田. 法国现代合同法 [M]. 北京:法律出版社,1995.

[28] 马克思,恩格斯. 马克思恩格斯选集 [M]. 北京:人民出版社,1995.

[29] 张铣. 缔约中的信息困境、欺诈与私法干预 [J]. 华南师范大学学报(社会科学版),2017(4):113-119.

[30] 宋子夷,刘启强. 为科技服务业搭建"纵贯线"——广州科技服务业协会秘书长李伟访谈 [J]. 广东科技,2015(13):58-60.

[31] 张铣. 技术转让中信息披露存在的问题及其应对 [J]. 知识产权,2015(7):65-71.

[32] 郭俊. 完善我国知识产权信托融资模式的相关思考——基于国际经验的比较与借鉴 [J]. 学习与实践,2015(7):24-32.

[33] 李扬,张晓晶. "新常态":经济发展的逻辑与前景 [J]. 经济研究,2015(5):4-19.

[34] 任保平,宋文月. 新常态下中国经济增长潜力开发的制约因素 [J]. 学术月刊,2015(2):15-22.

[35] 张秀生,王鹏. 经济发展新常态与产业结构优化 [J]. 经济问题,2015(4):46-49.

[36] 贾康. 把握经济发展"新常态"打造中国经济升级版 [J]. 国家行政学院学报,2015(1):4-10.

[37] 中国社会组织编辑部. 民间性质、市场运作、政府免税支持的美国行业协会 [J]. 中国社会组织,2014(17):18-19.

[38] 周红,曹丽蒲,陈惠. 科技中介服务业理论研究综述 [J]. 中国商贸,2014(32):166-169.

[39] 张铣. 论信息中介在现代交易中的重要作用及其制度需求——以先合同信息披露义务的扩张为背景 [J]. 华南理工大学学报(社会科学版),2013,15(4):5-11.

[40] 商务部产业损害调查局赴欧洲考察团. 德国、瑞典、芬兰三国行业协会发展的经验值得借鉴 [J]. 商场现代化, 2013 (Z1): 152-153.

[41] 和育东, 石红艳, 林声烨. 知识产权侵权引入惩罚性赔偿之辩 [J]. 知识产权, 2013 (3): 54-59.

[42] 李妍. 广东科技中介服务机构发展现状与对策研究 [J]. 广东科技, 2012, 21 (14): 77-80.

[43] 刘远山, 余秀宝. 专利实施许可制度存在的问题及对策探究——以专利实施许可合同制度的完善为主视域 [J]. 重庆理工大学学报 (社会科学版), 2012, 26 (3): 29-34.

[44] 李希义. 日本政策投资银行开展知识产权质押贷款的做法和启示 [J]. 中国科技论坛, 2011 (7): 147-152.

[45] 谢黎伟. 美国的知识产权融资机制及其启示 [J]. 科技进步与对策, 2010, 27 (24): 40-44.

[46] 张亚兵, 王淑珍, 石会娟. 日本中小企业信用担保体系对我国的启示 [J]. 商业时代, 2006 (2): 45-54.

[47] 张铁男, 杜军. 科技中介服务机构三方合作中的博弈分析 [J]. 科技管理研究, 2009, 29 (10): 347-349.

[48] 韩霞. 论我国科技中介服务业的功能定位与发展策略 [J]. 中国软科学, 2008 (5): 21-26.

[49] 徐进, 李作学, 王前. 企业技术转移中隐性知识转化的制约因素与消解对策 [J]. 社会科学辑刊, 2008 (2): 118-120.

[50] 戚汝庆. 区域创新系理论研究综述及展望 [J]. 经济师, 2007 (3): 39-41.

[51] 牟宪魁. 说明义务违反与沉默的民事诈欺构成——以"信息上的弱者"之保护为中心 [J]. 法律科学 (西北政法学院学报), 2007 (4): 78-85.

[52] 李建伟. 知识产权证券化: 理论分析与应用研究 [J]. 知识产权, 2006 (1): 33-39.

[53] 张潇雨, 曹庆萍. 日本行业协会发展历程研究 [J]. 中国集体经济, 2008 (21): 199-200.

[54] 乐绍延. 日本行业协会的能量 [J]. 瞭望新闻周刊, 2006 (29): 24.

[55] 张仁峰. 美国行业协会考察与借鉴 [J]. 宏观经济管理, 2005 (9): 56-57.

[56] 王涛, 林耕. 科技中介服务体系的经济学视角 [J]. 科学管理研究, 2004 (3): 70-72.

[57] 杨稣, 贾明德. 关于我国科技中介服务体系的创新与发展 [J]. 西安电子科技大学学报 (社会科学版), 2004 (4): 93-97.

[58] 刘茵静, 方敏. 我国行业协会的自养之路——关于借鉴德国行业协会模式的思考 [J]. 理论观察, 2004 (1): 26-27.

[59] 朱根发. 美国行业协会运作特点及对我国的启示 [J]. 现代商贸工业, 2004 (4): 29-30.

[60] 马松尧. 科技中介在国家创新系统中的功能及其体系构建 [J]. 中国软科学, 2004

（4）：109-113.

[61] 吴伟萍. 国外科技中介组织的成功管理经验及对我国的启示［J］. 科技管理研究，2003（5）：12-13.

[62] 王核成，宁熙. 硅谷的核心竞争力在于区域创新网络［J］. 经济学家，2001（5）：125-127.

[63] 刘曙光，田丽琴. 区域创新发展的模式与国际案例研究［J］. 世界地理研究，2001（1）：20-23；19.

[64] 彭纪生. 论技术创新网络中的中介组织［J］. 自然辩证法研究，2000（6）：50-52；57.

[65] 闻坤. 科技创新为深圳发展增添新动能［N］. 深圳特区报，2017-01-04（A4）.

[66] 马喜生，黄伟. 广州民营科技园：发挥重大创新平台示范作用［N］. 南方日报，2016-02-16（006）.

[67] 陈志英. 打造国际科技创新枢纽的主引擎［N］. 人民日报，2016-03-16（21）.

[68] 杞人，海潮. 广州建设国际科技创新枢纽底气足［N］. 科技日报，2016-02-03（7）.

[69] 李稻葵. 中国经济的四种"新常态"［N］. 北京日报，2014-09-29（25）.

[70] 陆娅楠，刘志强. 新常态，新应对［N］. 人民日报，2014-08-18（17）.

[71] 许志峰，成慧. 新常态，辩证看［N］. 人民日报，2014-08-11（17）.

[72] 田俊荣，吴秋余. 新常态，新在哪？［N］. 人民日报，2014-08-04（17）.

[73] 杞人，叶茂. "广州服务"科技抢眼——广州市科技服务业创新发展述略［N］. 科技日报，2012-01-13（12）.